Kleine Häuser unter 100 m²

THOMAS DREXEL

Kleine Häuser unter 100 m²

GROSSE WOHNQUALITÄT DURCH KREATIVE KONZEPTE

DEUTSCHE VERLAGS-ANSTALT

INHALT

KLEINES HAUS, GROSSE MÖGLICHKEITEN
6

DAS HIGH-END-HÄUSCHEN
Naturerlebnis und Wohndesign im Schwarzwald
011 Architekturbüro/Matthias Lange, Freiburg i.Br.
12

HOLZHAUS FÜR DREI
Außergewöhnliche Architektur mit Naturbezug
ASGK Design, Prag
20

EINS DRAUFGESETZT
Aufstockung auf Minigrundstück
Anonymous Architects/Simon Storey, Los Angeles
26

KLEINHAUS-KONZEPT MAL ZWEI
Raumsparhäuser auf kleinen Grundstücken
Anonymous Architects/Simon Storey, Los Angeles
32

SINGLEHAUS IN KLARER ARCHITEKTUR
Kleinhaus am Hang mit Stil
Architekt Matthias Bruder, Tübingen
42

AUS DER ART GESCHLAGEN
Cleveres Reiheneckhaus für zwei auf kleinster Fläche
Architekturbüro Boiger, Holzkirchen/Bayern
48

DIE SPIEGEL-SKULPTUR
Kompakte Architektur-Kunst mit hoher Individualität
Delugan Meissl Associated Architects, Wien
56

BEHAUST ÜBER DER STADT
Außergewöhnliches Dachgebäude
Flatz Architects/Martin Flatz, Wien
66

WOHLFÜHLBUNGALOW IN WEISS
55 Quadratmeter perfekt aufgeteilt
FRAM arquitectos/Franco Riccheri,
Agustín Mendiondo, Buenos Aires
72

WOHNEN AM SEE
Kleines Haus mit drei Ebenen
hicker architekten, Friedberg/Bayern
78

WOHN-LEUCHTTURM IM HINTERHOF
Gekonnte Nutzung einer innerstädtischen Restparzelle
David Jameson Architect, Washington D.C.
86

WOHNWÜRFEL ALS RAUMKUNSTWERK
Hoher Wohnwert auf 6 × 6 × 6 Metern
Architekt Theis Janssen, Bremen
92

ARCHITEKTUR-KUNST IM STRANDKIEFERNWALD
Kompaktes Haus mit engem Außenbezug
Architekten María Victoria Besonías
und Luciano Kruk, Buenos Aires
98

KOMPAKTE VILLA IM BETONKLEID
Wie groß Klein wirken kann
Architekten María Victoria Besonias und Luciano Kruk
106

HOCH HINAUS
Meisterliche Wohnarchitektur auf kleinstem Grund
Miurashin Architect + Associates, Tokio
114

33 QUADRATMETER GETEILT DURCH ZWEI
Doppelhaus in der Stadt mit hocheffizienter
Raumausnutzung
Niji Architects/Masafumi Harada
und Maiko Taniguchi, Tokio
120

KLEINE LOFT-VILLA IN WIEN
Offenes Wohnerleben in kompakter Hülle
SHARE architects, Wien
124

INNEN UND AUSSEN
Atrium-Bungalow in konsequenter Vollendung
Atelier Tekuto, Tokio
130

WOHNSKULPTUR MIT VIER EBENEN
Kompaktes Stadthaus auf Minigrundstück
Atelier Tekuto, Tokio
136

EIN SCHWIMMENDES HAUS GANZ VON HEUTE
Elliptischer Bungalow auf dem Wasser
Architekt Daniel Wickersheim, Hamburg
142

MOBILES WOHNEN ZU WASSER
Ein Katamaran-„Bootshaus" mit allem Komfort
Zappe Architekten, Berlin
148

IDYLL AM SEE
Kleinhaus zum Naturerleben
Zappe Architekten, Berlin
152

ADRESSEN
158

Dank, Impressum
160

KLEINES HAUS, GROSSE MÖGLICHKEITEN

Kleine Häuser haben Zukunft! Wohngebäude unter 100 Quadratmetern sind nicht nur im Trend, sondern bieten auch viele praktische Vorteile: Sie sparen Geld bei Bau und Unterhalt, sind leicht instand zu halten und können auch viel größer sein, als man denkt – wenn sie so gut geplant werden wie die Beispiele in diesem Band. Ob auf einem oder auf mehreren Geschossen, mit ein paar grundlegenden architektonischen Methoden und Kniffen lassen sich höchst attraktive Lebensräume schaffen – sei es für Singles, Paare, kleine Familien oder Senioren.

Gleich, ob man beim Bauen auf die Kosten schaut oder einfach weniger Aufwand mit dem Unterhalt haben möchte, ob man die Energieeffizienz und daher geringen Betriebskosten kompakten Wohnens schätzt oder das Haus zum kleinen Traumgrundstück passen soll – dieses Buch zeigt alle denkbaren Möglichkeiten auf. Wie lässt sich die vorhandene Fläche bestmöglich inszenieren, sodass sie großzügig wirkt, wie können gute Stauraumlösungen das Wohngefühl beeinflussen, welche Rolle spielen große Fenster und gezielt gesetzte Blickachsen? Welches Kleinhaus eignet sich für meinen Lebensentwurf – vom Familienhaus über den Single-Kubus und das Hausboot bis zum transportablen Mobile Home vom Architekten. Und, nicht zuletzt, welche Planer können meine Vorstellungen von hoher und außergewöhnlicher Architekturqualität konsequent umsetzen?

Handreichung mit hohem Nutzwert

Diese und alle anderen relevanten Fragen beantwortet sowohl die ausführliche Einführung als auch der Projektteil mit seinen 22 vorbildhaften, in Gestalt, Bauweise und Innenraumgestaltung ganz unterschiedlichen Beispielen, die in aussagekräftigen Texten mit Baudatenangaben, hochwertigen Fotos und Plänen vorgestellt werden. Sämtliche Häuser wurden von kompetenten Architekten entworfen. Die Kontaktdaten der Planer und eine Checkliste zum Thema kompakter Wohnarchitektur beschließen den Band, der somit zahlreiche praktisch verwertbare Sachinformationen und einen großen Ideenpool für das eigene Bauvorhaben bietet.

22 unterschiedliche Beispiele für alle Geschmäcker und Voraussetzungen

Die vorgestellten 22 Wohnhäuser decken die unterschiedlichsten Voraussetzungen und Bauherrenwünsche ab. Vorgestellt werden viele Varianten des kleinen Bauens, sei es der Flachdachkubus oder das Satteldachhaus, sei es in der Stadt, im Vorort oder in der freien Landschaft, einschließlich außergewöhnlicher Wohnentwürfe über den Dächern oder auf dem Wasser. Wohlgemerkt, handelt es sich hierbei stets um vollwertige Häuser mit allen Wohnfunktionen und allem Komfort. Sogar die vorgestellten Hausboote beziehungsweise „Boots-Häuser" verfügen über zeitgemäße Komfortstandards und (über)erfüllen die geltenden Energieverbrauchswerte.

Wohnarchitektur unter 100 Quadratmetern auf Höhe der Zeit

Es muss nicht erst auf die aktuelle Verknappung günstigen Wohnraums in den Städten abgehoben oder der zeitgeistige Begriff des „Downsizing" bemüht werden, um die Vorteile kompakten Bauens zu erkennen. Der Kerngedanke beim Bauen kleiner Häuser ist die Beschränkung aufs Wesentliche, also die Frage, was brauche ich wirklich? Denn vielen Menschen und vielen Bauherren kleiner Häuser geht es zunächst gar nicht einmal so sehr um die Begrenzung des Budgets, sondern auch um einen bewussten Akt der persönlichen Selbstbescheidung, der aus dem Abgleich des Notwendigen mit dem Gewünschten resultiert. Gleichzeitig erwarten diese Bauherren eine hohe Architektur- und Wohnqualität, die gern außergewöhnlich sein darf. Das Wohnen unter 100 Quadratmetern kann, wenn gut geplant und ausgeführt, sowohl großzügig als auch im besten Sinne gemütlich, wie in einem Kokon, sein.

Kompaktheit und Effizienz für Singles, Paare, kleine Familien und Senioren

Während Jüngere mit meist noch überschaubarem Besitz einziehen, bietet der kompakte Neubau gerade in der zweiten Lebenshälfte oft die willkommene Chance, sich von Ballast in Gestalt von Gebrauchsgegenständen, aber auch von einer zu groß gewordenen Wohnfläche zu befreien, deren Unterhalt viel Energie kostet. Letzteres gilt im physischen Sinne ebenso wie hinsichtlich der Heizkosten und der sonstigen Unterhaltsaufwendungen. Denn die Minimierung der Wohnfläche geht bei guter Planung mit einer deutlichen Reduzierung der Außenoberflächen eines Gebäudes ein-

Seite 7 beide Transportables Kleinhaus
ÁPH80 von ÁBATON Arquitectura

rechte Seite Kleinhaus mit großer Wirkung
von Jackson Clements Burrows Architects

her. Somit verringern sich die gedämmten Hüllflächen, die über den Energieverbrauch eines Gebäudes wesentlich mit entscheiden. Am besten schneiden hier, bei identischer Wohnfläche, annähernd würfelförmige Häuser ab. Das Haus auf den Seiten 92–97 mit Außenmaßen von genau 6 × 6 × 6 Metern kann als Paradebeispiel hierfür gelten. Nicht zuletzt führt eine kompakte Gestaltung bei auch ansonsten konsequenter Kostenkontrolle zu einer deutlichen Senkung der Baukosten. Bewusste Selbstbescheidung ist insofern die beste Voraussetzung fürs Kostensparen und für eine zukunftssichere Planung.

Lebe lieber ungewöhnlich!

Dass der Bau eines kleinen Hauses nicht zuletzt ein Stück Lebensmodell ist, wird auch darin deutlich, dass viele Bauherren ihr kompaktes Heim gern ungewöhnlich möchten und dem Architekten viel kreative Freiheit lassen. Die Projektbeispiele zeigen daher viele außergewöhnliche Bauten, darunter kühn designte Innenstadt-Domizile auf kleinstem Grund (S. 114–119, 120–123, 136–141), das außergewöhnliche Haus auf dem Haus, mit ausrangierter Flugzeugkuppel als Fenster (Seite 66–71) oder Hausboote und „Boots-Häuser" (S. 142–147, 148–151). Mit dem „Spiegelhaus" auf den Seiten 56–65 kann man sogar jederzeit an einen anderen Wohnort umziehen.

Überflüssiges weglassen, intelligente Grundrisse schaffen

Wer ein kleines Haus bauen möchte, sollte zunächst stets seinen Bedarf genau hinterfragen. Häuser unter 100 Quadratmetern eignen sich nicht nur für Singles und Paare, sondern durchaus auch für kleine Familien. Im letzteren Fall empfiehlt es sich aber, in der Wohnfläche eher über 80 Quadratmeter zu gehen, damit ausreichend Platz für separate Lebensbereiche bleibt und sich das Zusammenleben auf Dauer harmonisch gestaltet – zumal wenn die Kinder zu Jugendlichen werden.
Grundsätzlich gilt es, bei der Planung des Grundrisses möglichst wenig Platz zu verschenken. Tabu fürs das kleine Haus sind etwa übergroße Eingangsbereiche, die nur der Repräsentation dienen, große Flure oder ungünstig angeordnete beziehungsweise überbreite Treppen, aber auch über Bedarf dimensionierte Elternschlafzimmer. Bei Treppen fällt die Wahl meist auf geradläufige Varianten, die den Platz optimal nutzen und in der

Regel auch günstiger hergestellt werden können als etwa gewendelte Ausführungen. Spindeltreppen können grundsätzlich Platz sparen, sollten aber nur erwogen werden, wenn keine großen Gegenstände zwischen den Geschossen transportiert werden müssen.
Ferner ist anzustreben, Raumfunktionen clever zu kombinieren; beispielsweise kann ein Büro durchaus gleichzeitig Gästezimmer sein und zusätzlichen Stauraum aufnehmen.

Optische Größe erzeugen, Drinnen und Draußen vereinen

Neben einem guten Raumprogramm ist es bei kompakten Häusern ebenso wichtig, die objektiv eher kleine Fläche möglichst groß wirken zu lassen. Der erste Schritt hierzu ist die weitestmöglich offene Gestaltung des Raumzusammenhangs. Dies gelingt, indem der Blick durch wenige Sichtbarrieren wie etwa Innenwände behindert wird, was horizontale Durchgängigkeit schafft. Ebenso wichtig können hohe Decken und Durchblicke zwischen den Geschossen sein, die das Volumen im Zusammenhang nachvollziehbar machen und dadurch größer erscheinen lassen.
Besondere Bedeutung kommt auch der Inszenierung von Blickachsen zu, die durch die gezielte Setzung von Fassadenöffnungen unterstützt werden muss. Indem sich der Blick ins Freie richtet, entsteht ein Gefühl der Durchgängigkeit, kleine Volumen werden somit nicht als klein empfunden. Besonders günstig ist es, wenn sich der Ausblick auf einen reizvollen Punkt im Außenbereich richtet.
Sind die Fassadenöffnungen besonders groß beziehungsweise als „Panoramascheiben" ausgebildet, wachsen Innen und Außen zusammen, der Innenraum wird entgrenzt und wirkt dadurch nochmals größer. Dies funktioniert besonders gut bei bodentief eingebauten Fenstern, die außerdem einen barrierefreien Zugang zum Außenbereich (z. B. Balkon, Terrasse) ermöglichen. Dergestalt angeschlossene Bereiche steigern den Wohnwert eines kleinen Hauses, fügen sie ihm doch gleichsam einen zusätzlichen Raum im Freien hinzu.
Einen positiven Effekt fürs kleine Haus bieten große Fensterflächen auch insofern, als sie reichlich Licht hereinholen, denn helle Räume wirken stets deutlich größer als dunkle.

Den Raum optimal nutzen

Unumgängliche Voraussetzung für das Wohnen im kleinen Haus ist die Beschränkung der persönlichen Besitztümer. Das „Ausmisten" von oft gar nicht dringend benötigten Utensilien wird dabei in dem meisten Fällen sogar als sehr wohltuend empfunden. Dennoch bedarf es natürlich ausreichenden Stauraums für die Aufbewahrung wichtiger Gegenstände, von Kleidung und Küchengeräten. Treppen eignen sich dafür besonders, da der Raum darunter ohnehin nicht als Bewegungs- oder Aufenthaltsbereich genutzt werden kann. Hier lassen sich je nach Lage und Abmessungen der Treppe beispielsweise die Garderobe, die Brennwerttherme für die Heizung oder das Geschirr unterbringen. Ferner bietet sich insbesondere bei Häusern mit steil geneigtem Dach der Dachspitz als zusätzliche Lagerfläche an, sofern er nicht etwa für den Einbau von Galerien genutzt wird. Einbauschränke, die Zwischenwände ersetzen, sind eine weitere Möglichkeit zur platzsparenden Aufbewahrung. Stets sollte Stauraum punktuell und konzentriert an wenigen, eher unauffälligen Stellen geschaffen werden, die Haupt-Aufenthaltsbereiche hält man besser weitgehend frei, um einen möglichst klaren Raumeindruck zu erreichen.

Dinge wie Fahrräder und Gartengeräte, die im Haus nicht benötigt werden und nicht im Warmen gelagert werden müssen, bewahrt man am besten in einem separaten Schuppen auf, der beispielsweise auch mit dem Carport zusammengefasst werden kann. Ein solches Nebengebäude lässt sich zudem vergleichsweise kostengünstig herstellen und kann auch in Eigenleistung errichtet werden.

Klein, aber fein: Wohnqualität durch kreative Innenraumgestaltung

Da die Raumhelligkeit eine große Bedeutung nicht nur für die Wahrnehmung der Größe, sondern auch das Wohlfühlen hat, ist neben der richtigen Dimensionierung und Anordnung von Fassadenöffnungen auch auf mehrheitlich helle, stets aber freundliche und lebendige Oberflächen im Innenbereich zu achten. Dies können Putzflächen ebenso sein wie Holzoberflächen oder lebendig rauer Sichtbeton. Zudem sollten die unterschiedlichen Lebensbereiche durch entsprechende Farbigkeit hervorgehoben und ihr Charakter unterstrichen werden. In Bad, Wohn-, Ess- und Kochbereich können dies durchaus auch intensive Töne sein, während man sich in den Schlaf- und Ruheräumen auf ruhige Farben beschränken sollte.

Die Ausstattung des eigentlichen Wohnbereichs sollte einerseits durch die konzentrierte Anordnung von Stauraum, etwa in deckenhohen Einbauschränken erfolgen. Ansonsten empfiehlt es sich, Mobiliar sparsam einzusetzen und sorgfältig auszuwählen. Hierbei bieten sich besonders filigrane Stücke an, die den Blick nicht behindern. Antikes aus unterschiedlichen Epochen gehört hier unbedingt dazu, jedoch sollten allzu schwere, klobig wirkende Stücke wie voluminöse Schränke möglichst ausgesondert werden. Zu bevorzugen sind (abgesehen von der Küche) halbhohe Einrichtungsgegenstände, die die Wände weitgehend frei lassen.

linke Seite oben und oben links Wohnlicher Innenraum im Mobile Home (ÁBATON/BATAVIA).

linke Seite unten Treppen als Stauraum (links von Bembé Dellinger Architekten, rechts von Noichl & Blüml Architekten).

oben rechts Große Raumhöhen und hochwertiges Mobiliar im Kleinhaus (TACO Taller de Arquitectura).

DAS HIGH-END-HÄUSCHEN

Naturerlebnis und Wohndesign im Schwarzwald

011 Architekturbüro/Matthias Lange, Freiburg i.Br.

Am Anfang stand eine Schwarzwaldhütte in Alleinlage, idyllisch auf einer Geländeerhebung inmitten großer Bäume gelegen, mit weitem Blick auf Freiburg und bis zu den Vogesen. Die in Freiburg wohnenden Bauherren entschlossen sich, das Kleinod zu ihrem Wochenenddomizil zu machen und beauftragten den Architekten Matthias Lange mit der Planung.

Weitgehender Umbau mit moderner Haustechnik

Die Genehmigung, die Hütte zu Wohnzwecken umzubauen, wurde unter anderem wegen der Lage im sogenannten Außenbereich nur unter strengen Auflagen erteilt; so durfte die Grundfläche des Gebäudes nicht vergrößert werden. Eine weitere Schwierigkeit bestand in den vorgefundenen baulichen Mängeln, insbesondere der Kontamination vieler Holzteile durch schadstoffhaltige Beizen. So konnte letztlich nur das Holztragwerk erhalten werden, die übrigen Bauteile wurden – unter weitgehender Beibehaltung der ursprünglichen Gebäudeform – entfernt und erneuert. Da man wo immer möglich mit natürlichen Baustoffen arbeiten wollte, dämmte man dort zwischen den Gefachen, wo ursprünglich Ziegelmauerwerk verwendet worden war, mit Zellulose und bekleidete die Wände innenseitig mit Lehm beziehungsweise geöltem Eichenholz.

oben Ausschnitt des Westgiebels mit erneuertem Schindelschirm und geschlossenem Schiebeladen.

oben Abendliche Ansicht des Hauses von Südosten.

Historische und moderne Elemente in Harmonie

Das nach wie vor in Holzbauweise konstruierte Gebäude wurde mit der im Schwarzwald althergebrachten Fassade aus Holzschindeln versehen, die gleichzeitig auch die Dachdeckung bilden. Ungewöhnlich für den Schwarzwald ist allerdings, dass die handgespaltenen Schindeln aus der besonders haltbaren und homogen vergrauenden Alaska-Zeder gefertigt sind. Alle Fenster bestehen aus Eiche, deren Farbton durch regelmäßiges Nachölen erhalten bleiben wird. Auch Details wie die Regenrinnen hat man, wie früher üblich, aus Holz hergestellt. Über weite Überstände entwässern die Rinnen direkt in das Erdreich. Sein modernes Gesicht zeigt das Haus nach außen vor allem durch die neuen Fenster – die einzig erlaubte größere Veränderung – und die sondergefertigten Schiebeläden aus rostigem Schwarzstahl.

Wohnkomfort und Natürlichkeit bei bester Raumausnutzung

Anstelle des einfachen, teils verrotteten Holzbodens der alten Hütte gibt es heute eine gedämmte Bodenplatte mit Temperierung und Natursteinbelag. Wände und Decken sind teilweise mit Eiche ausgekleidet, sie vermitteln den Eindruck von Natürlichkeit und Modernität gleichermaßen. Ebenso wie der Boden wurden auch die Lehmwände mit einer Temperierung versehen, um dauerhaft warme Außenwände zu erhalten. Ansonsten sorgt der Kaminofen für wohlige Wärme. Im Erd- und Obergeschoss wurden unauffällige Bodensteckdosen eingebaut. Aufgeteilt in die Bereiche Wohnen, Essen und Kochen, wirkt das Erdgeschoss dank der offenen Raumstruktur sehr viel größer als die tatsächlich vorhandenen 28 Quadratmeter. Die Küchenregaleinheit lässt sich bei Bedarf ausklappen. Der kugelförmige, drehbare Kaminofen bildet den Mittelpunkt des Wohnbereichs. Bad und Toilette sind im Schopf auf der Eingangsseite untergebracht; Wein und andere Getränke lagert man in einem kleinen Keller. Der erste Stock wird durch eine ausziehbare Stahlleiter erreicht und wirkt zeltartig gemütlich, auch durch das Eichenholz an Böden und Decken sowie die stimmungsvolle Beleuchtung.

links Blick vom Kaminofen zum Ess- und Kochbereich mit ausgezogener Leiter und Durchblick zum Obergeschoss.

rechte Seite oben Wohnen, Essen und Kochen sind einraumartig zusammengefasst, wodurch auf kleiner Fläche die Wirkung eines großen Lofts entsteht. Wände und Decken aus gebürsteter Eiche schaffen ebenso wie die Böden aus gebürstetem und geflammtem Quarzit *(Pietra di Farsena)* ein hochwertiges Ambiente.

rechte Seite unten Blick in den Wohnbereich. Durch die verglaste, mit schmalen Sprossen versehenen Eingangstür gelangt viel zusätzliches Licht in den Innenraum.

oben Behütet unter dem Spitzdach: Blick durch das Obergeschoss, das ganz von der Ausstrahlung der gebürsteten Eiche und der Lichtstimmung lebt.

unten Ist die neue Luke aus Schwarzstahl geöffnet, gelangt man in den sanierten Weinkeller.

Perfekte Raumausnutzung durch Einbaulösungen

Bei Minimalwohnflächen, gerade unter 50 Quadratmetern wie in diesem Fall, kommt es besonders darauf an, Stauraum zu schaffen, ohne dass dieser ins Auge fällt und optische Unruhe erzeugt. Ein Weg dazu sind ausklappbare beziehungsweise ausschiebbare Einbaulösungen, etwa Betten und, wie hier, Küchen, sowie raumsparend platzierte Elemente, beispielsweise die Technikzentrale über dem Kühlschrank. Wem die Sonderanfertigung vom Schreiner zu kostspielig ist, kann zumindest auf handelsübliche Lösungen wie Klapptische und Klappstühle zurückgreifen, um die Räume vielfältig nutzbar zu machen und ein Gefühl von Großzügigkeit zu erreichen.

unten rechts Im Badezimmer: Blick über das konische Naturstein-Waschbecken zur Dusche. Die Oberflächen sind analog zum Boden im Wohnraum mit Quarzit verkleidet.

unten links Platzsparend Stauraum geschaffen: Der vordere Teil des vom Architekten entworfenen, sondergefertigten Hängeschranks kann ausgeklappt werden.

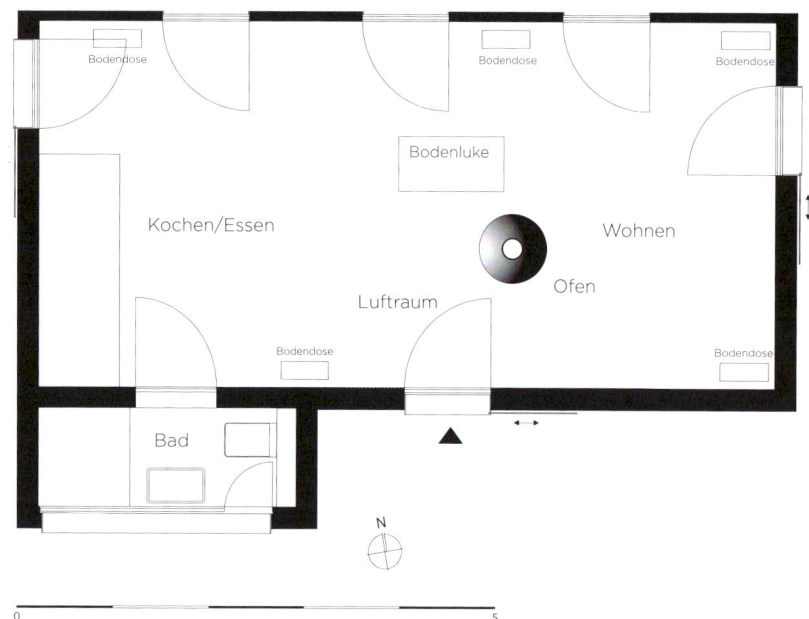

Erdgeschoss

ganz links und links Detailansicht des Eingangsbereichs und des bandartigen Fensters auf der Südseite. Die gleichsam als Rahmen wirkenden Laibungen sind ebenso wie die Schiebeläden in Schwarzstahl ausgeführt.

rechte Seite beide Vorzustand

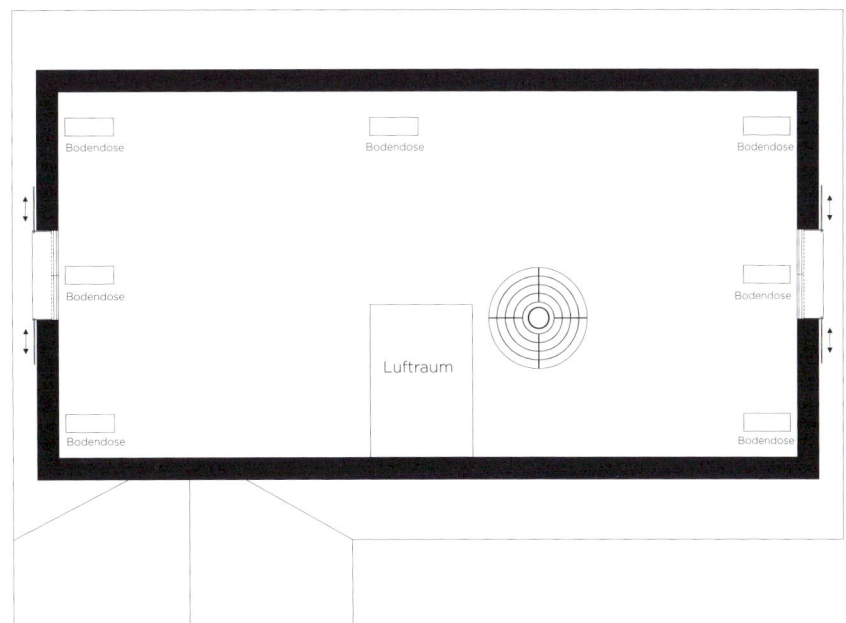

Obergeschoss

WICHTIGE BAUDATEN

Bauaufgabe Neubau eines Wochenend-/Wohnhauses für eine Familie mit zwei Kindern
Standort Schwarzwald/bei Freiburg
Baufertigstellung 2015
Grundstücksgröße ca. 3.000 m²
Wohnfläche ca. 36 m²
Bruttorauminhalt (BRI) 135 m³
Bauweise Holzständerkonstruktion
Gesamtkosten keine Angaben

HOLZHAUS FÜR DREI

Außergewöhnliche Architektur mit Naturbezug

ASGK Design, Prag

Die gerade für kleine Gebäude wichtige Aufgabe, räumliche Spannung zu erzeugen, wurde bei diesem Wohnhaus bestens gelöst. Der Haupt-Aufenthaltsbereich im Erdgeschoss, der als Einraum Wohnen, Essen und Kochen zusammenfasst, ist in Split-Level-Manier strukturiert: Der als Entspannungs- und Lesebereich ausgebildete Treppenabsatz ist etwas erhöht angelegt.

Raumausnutzung und Größenwirkung

Die Kochzeile ist platzsparend an der langen, weitgehend geschlossenen Westseite untergebracht, während die Ostseite großflächig verglast ist und sich zur Terrasse öffnet. Innen und Außen wachsen so optisch zusammen, der Raumeindruck gewinnt an Großzügigkeit. Die identischen Bodenbeläge aus Holz tragen ihren Teil hierzu bei. Bad und WC sind geschickt in den Eingangsbereich integriert und nur so groß wie wirklich nötig bemessen.

oben Ansicht von Nordosten mit dem Haupteingang.

oben Ansicht von Südosten mit der eingeschnittenen, geschützten Terrasse, die wie eine Loggia wirkt.

Von der Natur inspiriert

Passend zur wunderschönen Lage in nahezu unberührter Landschaft, spiegelt sich die Natur in unterschiedlichen Aspekten der Planung wider. So wurde für Tragwerk, Dachstuhl und Fassade, aber auch für Böden, Wände und Decken Holz verwendet. In seiner Form lehnt sich das Gebäude auf Anregung des Sohns an das Erscheinungsbild eines urzeitlichen Gliedertiers an, das sich zur uralten Eiche am kleinen See neigt. Die unter das Dach eingezogene und dadurch vor Witterung geschützte, dynamisch geformte Terrasse ermöglicht es, die Landschaft bestmöglich zu erleben. Die Schiebeläden, die die Verschattung der großen Glasflächen ermöglichen, sind in Dimension und Bauweise am Vorbild von Scheunentoren orientiert.

Offenes Wohnen und Intimität

Wenn wie hier drei Personen unter einem Dach wohnen, ist es zur Erhaltung der Harmonie wichtig, auch einmal etwas Intimität und Distanz schaffen zu können. Das ist in diesem Fall schon durch die lang-rechteckige Form gegeben, denn sie bietet den Bewohnern im Erdgeschoss unterschiedliche Aufenthaltsmöglichkeiten. Und auch die beiden Galeriebereiche für Eltern beziehungsweise Kind im Obergeschoss sind durch die Platzierung in entgegengesetzten Bereichen und durch eine trennende Wandscheibe so gut voneinander abgesetzt, dass die Privatsphäre gewahrt bleibt. Eigene Treppen unterstreichen den privaten Charakter.

ganz links Platz optimal genutzt: Innenansicht mit Lagerraum unter dem Podest.

links Die filigrane Stahltreppe zur Galerieebene ist so gestaltet, dass sie mit den Ästen der Bäume zu verschmelzen scheint.

rechte Seite Open Space: Wohnraum und Galerie sind Teil eines offenen, hohen Raums, dessen erlebtes Volumen visuelle Größe schafft. Die Galeriebrüstung ist (analog zur Treppe) in dunklem Stahl sehr feingliedrig und gleichzeitig unauffällig gestaltet.

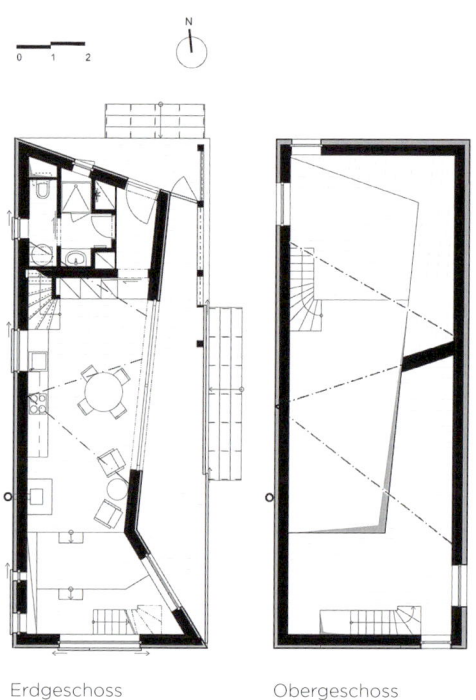

Erdgeschoss   Obergeschoss

WICHTIGE BAUDATEN

Bauaufgabe Neubau eines Wohnhauses
für drei Bewohner (Familie mit Kind)
Standort bei Lodin (Tschechien)
Baufertigstellung 2014
Grundstücksgröße 1.022 m²
Wohnfläche ohne Terrasse 85 m²
Bruttorauminhalt (BRI) ca. 360 m³
Bauweise Holzrahmenbau
Energiekonzept Holzscheitofen
und elektrische Infrarot-Heizpaneele
Heizenergiebedarf/Jahr 42,3 kWh/m²a
Gesamtkosten 152.800 Euro

unten Das große, geöffnete Fenster gibt den Blick von der Terrasse auf den Koch- und Essbereich frei und macht deutlich, dass Innen und Außen hier eine perfekte Einheit formen.

EINS DRAUFGESETZT

Aufstockung auf Minigrundstück

Anonymous Architects/Simon Storey, Los Angeles

Simon Storey von Anonymous Architects war auf der Suche nach einem Grundstück für sein eigenes Heim, in dem er leben und arbeiten wollte. In einem von ihm bevorzugten Stadtteil von Los Angeles fand er ein Baugrundstück, das eigentlich gar keins war – eine nur 5 Meter schmale Parzelle mit insgesamt lediglich 72 Quadratmetern, die mit einem zweigeschossigen Haus bebaut war. Er verstand dies als Herausforderung, im Selbstversuch die Möglichkeiten und Grenzen beengten Bauens mit einfachen Mitteln und Lösungen auszuloten.

Beste Platzausnutzung auf kleinstem Raum

Die minimale Parzellengröße führte den Planer zwangsläufig zu dem Schluss, dass man vertikal denken müsse. Vom Ursprungsbau blieben die Mauern des Erdgeschosses, in dem sich heute Hauseingang und Garage befinden. Darauf kam eine neue, zweigeschossige Aufstockung in leichter Holzbauweise, sodass das Haus heute drei Ebenen hat. Insgesamt kamen so immerhin 89 Quadratmeter Wohnfläche zusammen. Das offene Raum-

oben Holzgedeckte Dachterrasse mit weitem Ausblick. Diverse Sitzbänke und die gut geplante Zonierung sowie die Bepflanzung mit Bäumen in Hochbeeten, die bald Schatten spenden, machen diesen Bereich zum weiteren Wohnzimmer.

rechte Seite Ansicht von der Straße. Unten Garage und Zugangsbereich, oben der Dachgarten.

konzept im ersten Obergeschoss mit Wohnen, Essen und Kochen verleiht eine loftartig großzügige Atmosphäre. Darüber befinden sich Schlafzimmer und Büro, das bei Bedarf zum Kinderzimmer umfunktioniert werden kann.

Große Glasflächen Richtung Stadt wie auch Richtung Hang holen reichlich Helligkeit in die Räume, entgrenzen Innen- und Außenraum und erzeugen somit visuelle Größe. Schlanke Holzleichtbau-Konstruktionen sparen Platz, und viele Einbaulösungen anstelle üblicher Innenwände sorgen dafür, dass Kleidung und Utensilien gut untergebracht und den Blicken entzogen sind.

Stimmungsvolle Außenräume mit Weitblick

Das zweite Obergeschoss bekam einen direkten, ebenerdigen Zugang zum hangseitigen Gartenbereich, wo sich eine sicht- und lärmgeschützte Terrasse mit Umpflanzung befindet. Zusätzlich entstand auf dem Dach, sozusagen als dritte Wohnebene, ein mit Olivenbäumen in Gefäßen gestalteter Dachgarten, der einen weiten Ausblick über Los Angeles bietet.

rechte Seite oben Wohnbereich mit Ausblick. Helle Farben, warme Materialien und eine hervorragende Belichtung schaffen ebenso Großzügigkeit wie das leichte Mobiliar. Das hängend montierte Sideboard lässt den Raum unverstellt.

rechte Seite unten Der Wohn- und Entspannungsbereich gewinnt dadurch, dass die filigrane, weiß gehaltene Treppenharfe den Raum, anders als eine geschlossene Wand dies täte, zur Gänze erlebbar belässt.

unten Durchgängiges Wohnen mit großer Wirkung: Blick vom Wohn- zum Ess-/Kochbereich und Ausgang zur rückwärtigen Gartenterrasse.

oben Ein Schlafzimmer mit großem Fenster und Blick in die Bäume.

oben rechts Ganz transparent: verglaster Duschbereich mit Lichteinfall über ein Dachshed.

Bestehende Gebäude nutzen und aufstocken

Aufgrund des knapper und teurer werdenden innerstädtischen Baugrunds wächst in hochpreisigen Metropolen wie Los Angeles, München, Wien oder Zürich die Notwendigkeit, bereits bebaute Areale mit kleinsten Flächen zu nutzen. Dazu zählt auch die Aufstockung von Nutz- beziehungsweise Nebengebäuden. Da deutlich mehr Baubehörden als früher die Nachverdichtung bestehender Siedlungsbereiche fördern, werden Genehmigungen heute leichter erteilt. Hierfür eignen sich besonders statisch belastbare, intakte Gebäude in Massivbauweise. Die Aufstockung führt man am besten in leichter Holzbauweise durch, insbesondere bei mehrgeschossigen Bauten.

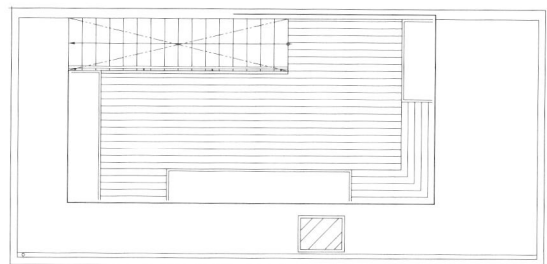

Dachaufsicht

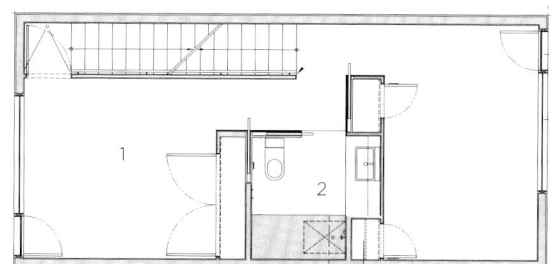

2. Obergeschoss

1 Schlafen
2 Bad

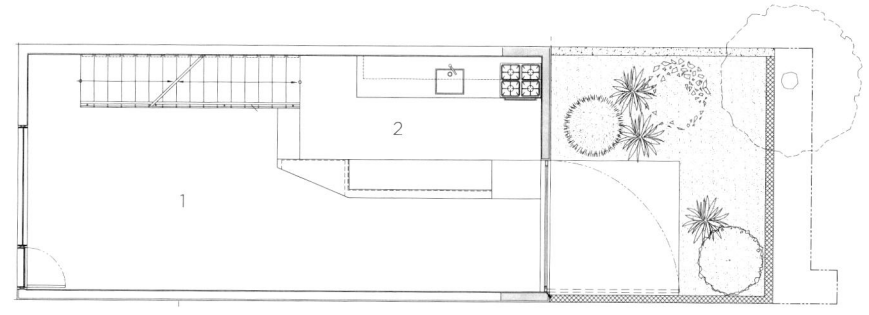

1. Obergeschoss

1 Wohnen
2 Kochen

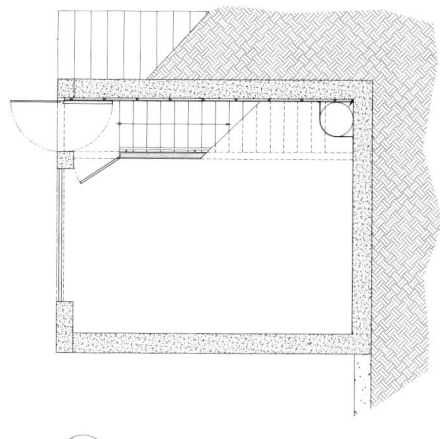

Garagengeschoss

WICHTIGE BAUDATEN

Bauaufgabe Neubau eines Wohnhauses für einen Single, ein Paar oder eine kleine Familie
Standort Los Angeles (USA)
Baufertigstellung 2011
Grundstücksgröße 72 m²
Wohnfläche 89 m²
Bauweise Holzbauweise auf massiv errichtetem Sockel
Gesamtkosten keine Angaben

KLEINHAUS-KONZEPT MAL ZWEI

Raumsparhäuser auf kleinen Grundstücken

Anonymous Architects/Simon Storey, Los Angeles

Eine im wahrsten Sinne herausragende Lage gab bei diesem Projekt den Ausschlag zum Kauf. In den Hügeln des nordöstlichen Los Angeles am Hang gelegen, bietet sich von dort eine weite Aussicht auf Stadt und Landschaft. Allerdings waren die beiden Grundstücke jeweils nur um die 200 Quadratmeter groß und galten damit lange als unbebaubar. Aber der beauftragte Architekt Simon Storey hatte dafür das richtige Rezept.

Optimale Raumregie und Erker

Infolge der geringen Grundstücksgröße, der Lagebedingungen und der geltenden Bauvorschriften konnten auf den Parzellen nur kompakte Häuser mit mehreren Geschossen verwirklicht werden. Das größere der beiden weist nun knapp über, das hier näher betrachtete kleinere Haus knapp unter 100 Quadratmeter Wohnfläche auf jeweils zwei Ebenen auf. Die Häuser sind durch wo immer möglich offene Raumstrukturen und große Fensteröffnungen durchgängig gestaltet und nach außen entgrenzt. Gut gesetzte Fassadenausschnitte, lange Sichtachsen und weite Ausblicke

oben Ansicht der beiden Kleinhäuser von der Straße.

rechte Seite Ansicht vom Hang mit einem kubischen Erker, der die Wohnfläche vergrößert.

lassen die kompakten Abmessungen vergessen. Und ein bautechnischer Kniff ergab etwa weitere 10 Prozent nutzbare Fläche: Da das lokale Baurecht Erker erlaubte, plante der Architekt je Haus fünf dieser Bauteile ein, die nun Essplätze und Sitzecken erweitern oder Schlafgelegenheiten bieten. In den Baukörper eingeschnittene und somit konstruktiv überdachte, loggienartige Terrassen erweitern zudem den Wohnraum.

97,5 Quadratmeter ganz groß

Das kleinere Haus erzielt trotz der in die zweigeschossige Gesamtkubatur einbezogene Doppelgarage einen erstaunlich hohen Wohnwert. Um ausreichend Platz für den Eingangs- und Erschließungsbereich zu schaffen, wurde der zweite Stellplatz kleiner bemessen. Wohnen, Essen und Kochen gruppieren sich in offener Raumabfolge an den südwestlichen und südöstlichen Außenseiten, die einen besonders schönen Ausblick bieten. Der Sitzplatz ist vom Kochbereich aus zugänglich. In der darunter liegenden Ebene befinden sich zwei Schlafräume (davon einer als potenzielles Kinderzimmer) mit direktem Gartenzugang und ein Bad.

Wie Bruder und Schwester

Obgleich als zwei unverbundene Einfamilienhäuser konzipiert, ähneln sie sich doch weitgehend im architektonischen Konzept, der äußeren Form und den verwendeten Materialien. Die Fassaden, Außentüren und Garagentore bestehen jeweils aus hitzebehandelter, langlebiger Zeder, die Innenräume sind durch Oberflächen aus gebleichter Eiche geprägt, die sowohl für Türen und Böden als auch für Einbauten verwendet wurden. Nicht zuletzt werden die Häuser visuell durch einen gemeinsamen weißen Holzbretterzaun zusammengefügt.

unten Der Erker verleiht der ansonsten holzverschalten Fassade mit ihren außenbündig gesetzten Fenstern gestalterische Spannung.

oben und rechts In den Baukörper eingeschnittene, wettergeschützte Loggien-Terrassen schaffen wertvollen Aufenthaltsraum im Freien mit schönem Ausblick.

Nutzfläche sinnvoll minimieren

Bei diesem Beispiel konnte nicht zuletzt durch die Begrenzung der Autostellplatzfläche ein sinnvoller Grundriss im Eingangsgeschoss geschaffen werden. Aber es gibt auch zahlreiche andere Möglichkeiten, um in kleinen Häusern für mehr Platz und mehr Wohnqualität zu sorgen, indem man Nutz- und Nebenflächen wie Keller-, Lager- und Erschließungsbereiche (Flure usw.) nur exakt so groß plant, wie unbedingt benötigt. Dies setzt voraus, dass man wünschenswerten und notwendigen Raumbedarf genau abgleicht, eine Leistung des Architekten oder Fachberaters. Neben der Verringerung der Flächen selbst bietet sich auch eine Kombination von Funktionen an, beispielsweise von Büro und Gästezimmer.

unten Koch- und Essbereich im oberen Geschoss. Die Fensterbank dient als Sitzbank am Esstisch und minimiert so den Platzbedarf für Mobiliar.

oben Der Wohnbereich wird durch den Erker, der gleichsam als zweiter Sofaschenkel fungiert, wirkungsvoll erweitert.

rechte Seite Blick über den Essplatz zum Wohnbereich. Ein großes Dachshed spendet weiches Licht von oben.

unten Treppenbereich mit Zugang zur unteren Ebene und zur Terrasse.

oben und unten Auch in den Schlafbereichen erweitern tiefe, holzbelegte Sitzbänke in den Fensterausschnitten den Wohnraum. Ein guter Tipp nicht nur für kleine Häuser.

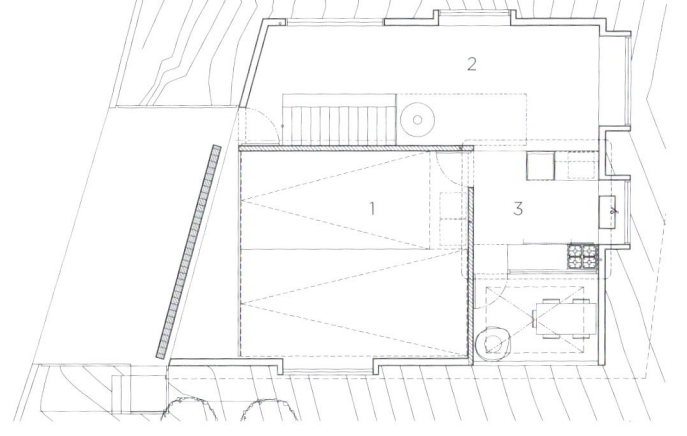

2. Obergeschoss

1 Garage
2 Wohnen
3 Kochen

1. Obergeschoss

1 Flur
2 Bad
3 Schlafen
4 Terrasse

WICHTIGE BAUDATEN

Bauaufgabe Neubau eines Wohnhauses für ein Paar oder eine kleine Familie
Standort Los Angeles (USA)
Baufertigstellung 2014
Grundstücksgröße 176 m²
Wohnfläche kleineres Haus 98 m²
Bauweise Holzständerkonstruktion auf Beton-Punktfundamenten
Gesamtkosten keine Angaben

rechts Im Badezimmer.

SINGLEHAUS IN KLARER ARCHITEKTUR

Kleinhaus am Hang mit Stil

Architekt Matthias Bruder, Tübingen

Auf einem Hanggrundstück mit einem Bestandsbau in Tübingen sollte ein Wohnhaus für eine Person entstehen. Der Neubau musste in seiner Formensprache auf das bestehende Gebäude Bezug nehmen und doch eine zeitgemäße äußere Erscheinung finden.

Kleinhaus mit hochwertiger Ausstrahlung

Der beauftragte ortsansässige Architekt Matthias Bruder setzte das Bauvorhaben optimal um. Er übernahm Firstrichtung, Stellung im Raum, Neigung des oberen Mansarddachs und naturrote Farbe der Dachziegel vom Altbau, entwickelte aber ein völlig eigenständiges, klar gestaltetes Haus mit Satteldach ohne Überstand und vorgestelltem Balkon in Stahlbauweise. Die Räume sind auf zwei Ebenen organisiert. Einheitlich dimensionierte Fenstertüren strukturieren zusammen mit ihren Schiebeläden das äußere Erscheinungsbild. Die Tore der im Sockelgeschoss untergebrachten Doppelgarage sind, flächenbündig und mit feinem Fugenbild, unauffällig in die Fassade integriert. Funktionsräume wie Bad, WC und Lager, die keinen direkten Ausblick benötigen, sind bergseitig in einer Flachdacherweiterung untergebracht.

oben beide Ansichten der südöstlichen, sehr klar gegliederten Traufseite mit geöffneten und geschlossenen Schiebeläden.

rechte Seite Westliche Giebelansicht mit Treppe und Eingangsbereich sowie südseitig vorgelagertem Balkon. Das kreisrunde Fenster belichtet die Galerie.

Wirkung von Weite – auf 45 Quadratmetern

Das Haus wirkt beim Aufenthalt darin deutlich größer, als die tatsächlich vorhandenen 45 Quadratmeter vermuten lassen. Dies liegt an mehreren Faktoren: Die Funktionen Wohnen, Essen und Kochen sind im Erdgeschoss einraumartig zusammengefasst, ohne trennende Sichtbarrieren. Der auf einer Galerie darüber gelegene Schlafbereich ist in den Gesamtraum einbezogen. So entsteht ein hoher Luftraum bis zur Decke mit horizontalen wie diagonalen Blickbezügen. Nicht genug damit, ist auch der Boden der in Stahlbauweise errichteten Galerie komplett mit durchsichtigem Plexiglas belegt. Die großen Fenstertüren mit Talblick und der den Wohnraum erweiternde Balkon tun ein Übriges, um einen großzügigen Raumeindruck zu erzeugen.

unten Ess- und Kochbereich profitieren dank des transparenten Galeriebodens von einem großen erlebbaren Raumvolumen. Die Küchenmöbel sind platzsparend zwischen Treppe, Wand und Decke eingepasst.

oben Blick über den Essplatz zum Wohnbereich und zum Balkon sowie zum bewaldeten Hang gegenüber. Le-Corbusier-Möbel illustrieren das Wohnkonzept von höchster Qualität auf kleinstem Raum.

Wohn- und Nutzflächen gestalterisch ansprechend kombinieren

Gerade bei kleinen Wohnhäusern bietet es sich an, die nötige Nutzfläche – beispielsweise Garagen wie in diesem Fall – im gleichen Gebäude unterzubringen. Gegenüber getrennten Baukörpern spart das meist Finanzmittel ein und sorgt für architektonische Einheitlichkeit. Bei starker Hanglage lässt sich die Nutzfläche größtenteils im Sockelgeschoss unterbringen und somit die Aussicht und Wohnqualität der darüberliegenden Geschosse aufwerten. Voraussetzung für ein geschlossenes Gesamtbild ist ein bis ins Detail gut ausgearbeiteter Entwurf, der ansonsten leicht unschön wirkende Elemente wie Garagentore optimal in die Gesamterscheinung einbindet.

WICHTIGE BAUDATEN

Bauaufgabe Neubau eines Wohnhauses für einen Single
Standort Tübingen
Baufertigstellung 2002
Grundstücksgröße Singlehaus ca. 250 m²
Wohnfläche ca. 45 m² zuzüglich 45 m² Nutzfläche (Garage) und 11 m² Balkon
Bruttorauminhalt (BRI) 177 m³ zuzüglich 150 m³ Garage
Bauweise Stahlbeton gedämmt
Energiekonzept Gasbrennwerttherme
Heizenergiebedarf/Jahr 99,6 kWh/m²a
Gesamtkosten brutto ca. 155 000 Euro (hochgerechnet auf Stand 2016 ca. 201.500 Euro)

oben und links Umfassende Durchgängigkeit: Auf der Galerie wurden einerseits ein Schlafplatz, andererseits ein Eck zum Musizieren eingerichtet, die die Durchblicke nicht behindern.

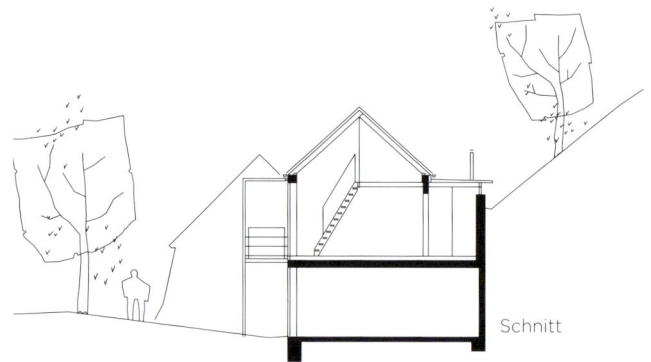

Schnitt

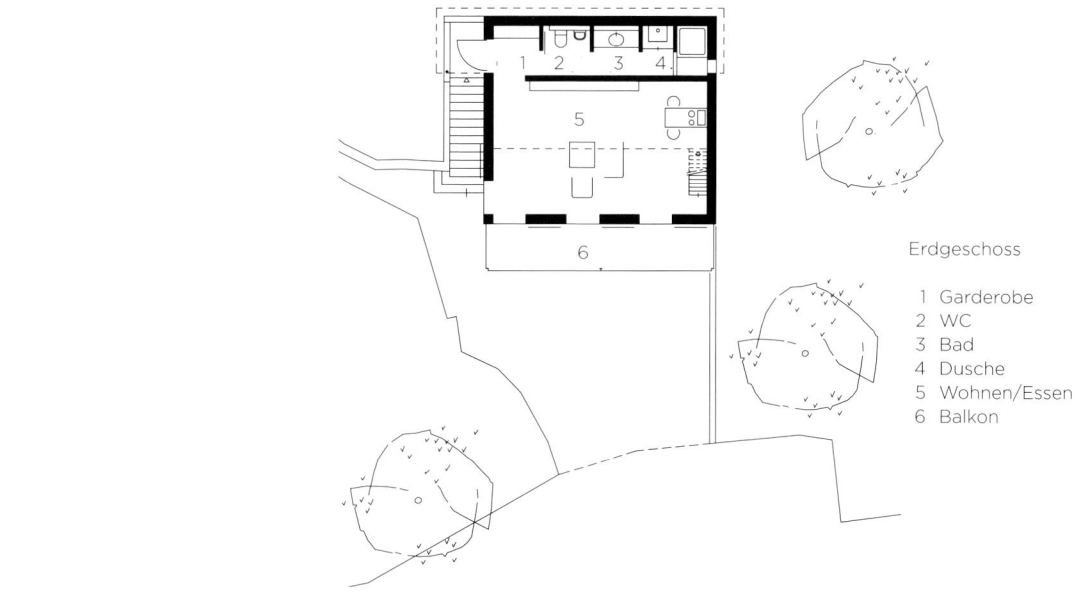

Erdgeschoss

1 Garderobe
2 WC
3 Bad
4 Dusche
5 Wohnen/Essen
6 Balkon

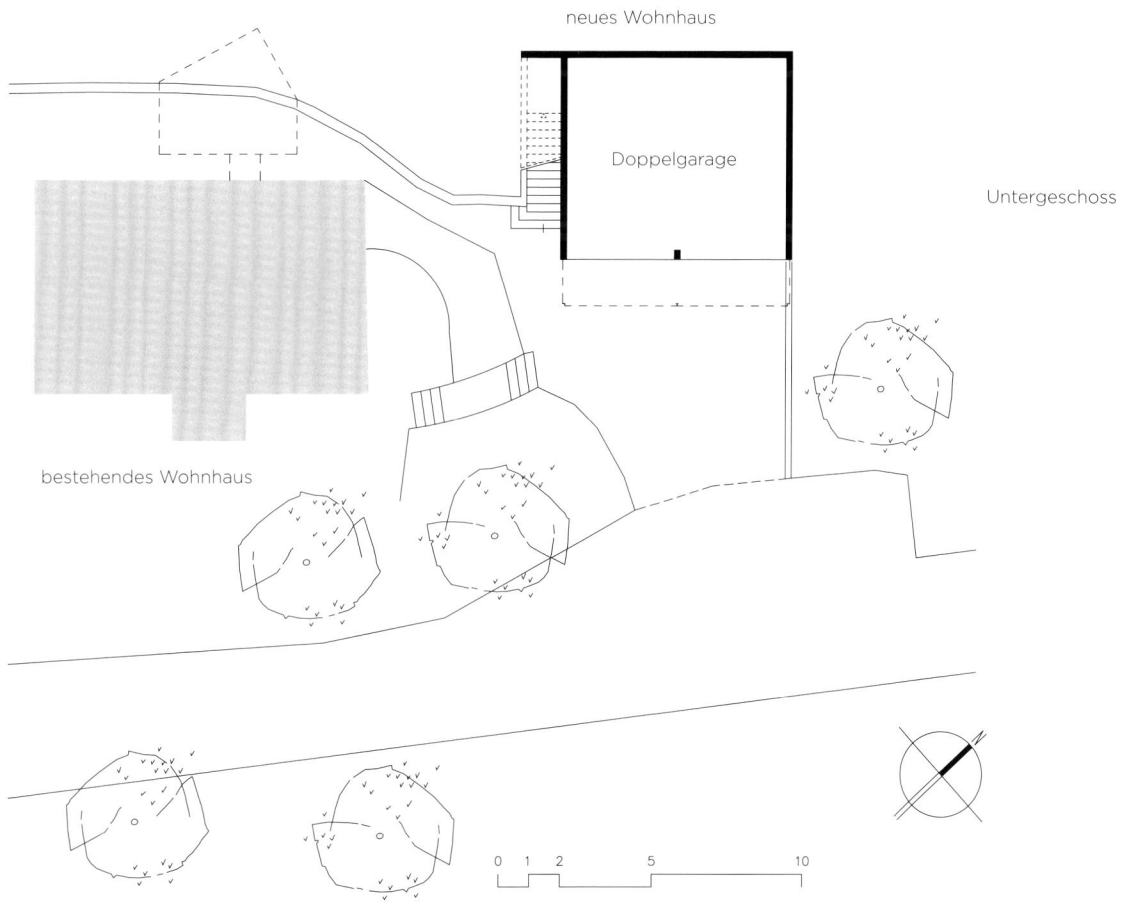

neues Wohnhaus

Doppelgarage

Untergeschoss

bestehendes Wohnhaus

AUS DER ART GESCHLAGEN

Cleveres Reiheneckhaus für zwei auf kleinster Fläche
Architekturbüro Boiger, Holzkirchen/Bayern

Wenn Bauherren nach Ende des Hausbaus voller Bewunderung und Begeisterung von ihrem Architekten sprechen, sagt dies einiges über dessen Leistungen aus. Während andere Planer die Restparzelle auf einem Reiheneckhaus-Grundstück als unbebaubar bezeichnet hatten, nahm Christian Boiger die Herausforderung an und entwickelte ein genau auf die Platzverhältnisse und die Ansprüche der Bauherren abgestimmtes Konzept. Bemerkenswert dabei ist, wie trotz extremer räumlicher Beschränkung eine zumal für den Typus des Reihenhauses, das sonst eher als Bau von der Stange gilt, außergewöhnliche Architektursprache verwirklicht werden konnte.

Wohnerlebnis auf drei Ebenen

Der neue Baukörper wurde als zusätzliches Reihenhaus an die Giebelseite des ebenfalls den Bauherren gehörenden Reiheneckhauses angedockt. Im ursprünglichen Haus wohnt nun die Tochter mit Familie. Dessen ohnehin kleiner Garten mit Hanglage musste also für ein eigentlich nicht vorge-

oben Ansicht der Ostseite, deren obere Geschosse mit Lärchenholzbrettern verschalt sind. Schiebeläden ermöglichen im Bereich des verputzten Untergeschosses, die Schlafzimmer und Bäder zu verschatten.

rechte Seite Ansicht von Südosten. Das hier, an der schmalsten Stelle, nur 2,50 Meter breite Baufenster wurde optimal genutzt, indem auf beiden Geschossen je ein loggiaartiger, geschützter Balkon mit Blickbezug zum Garten eingefügt wurde.

sehenes zusätzliches Haus genutzt werden. Laut Bebauungsplan verblieb für nur ein extrem schwierig geschnittenes, trapezförmiges Baufenster von etwa 15 Metern Länge von Nord nach Süd, aber nur 5,50 Metern auf der Nord- und sogar nur 2,50 Metern auf der Südseite! Auf allen Seiten nutzte Christian Boiger dabei die Abstandsflächen voll aus. Der Sockelbereich ist in Stahlbeton errichtet, darüber erheben sich zwei Geschosse in Holztafelbauweise mit einer Fassade aus Lärchenholzleisten. Die einzelnen Teile des Tragwerks wurden in der Werkstatt aus Brettsperrholz vorelementiert und mit einem großen Kran über die östliche Nachbarbebauung auf die Baustelle gehoben, da keine direkte Zufahrt vorhanden ist.

Mit hohem Luftraum und Panoramafenster

Von Norden her erschlossen, sind die Räume auf drei Ebenen untergebracht. Niveaugleich mit dem Eingang befindet sich der Koch- und Essbereich, gleichsam gekrönt durch einen Luftraum bis zur 6 Meter hohen Decke des Hauses. Das darüber angeordnete galerieartige Wohn- und Musikgeschoss besitzt einen erhöhten Bereich für die Bibliothek und direkten Zugang zum südorientierten Balkon. Beide Ebenen werden durch ein riesiges, klar gegliedertes Panoramafenster in der östlichen Giebelfassade großzügig erhellt. Die hohe Transparenz trägt ebenso zur visuellen Entgrenzung der Räume bei wie die langen, von Nord nach Süd laufenden Blickachsen mit gezielt gesetzten Durchblicken.

Untergeschoss auf höchstem Niveau

Das Untergeschoss mit Schlafzimmern und Bädern, das sich auf dem Niveau des bestehenden Kellergeschosses befindet, ist ebenfalls sehr gut belichtet, aber dabei im besten Sinne intim gestaltet. Da der Baukörper die Grundfläche voll ausnutzt, entstanden spitze Winkel, die dynamische Wirkung entfalten. Vom Architekten geplante und von einem kompetenten Schreiner passgenau gefertigte Einbauten wie Betten, Nachttische und auch die Empore im Dachgeschoss nutzen den Platz bestmöglich aus. Das nordseitige Schlafzimmer wurde genau unter den Treppenbau eingepasst, der den Hauseingang erschließt. Das Bad der Bauherrin ist auf ihren Wunsch hin nicht vom Flur abgetrennt, was eine überraschende Größenwirkung erzeugt. Auch die verglaste Wand der Dusche trägt ihren Teil zum offenen, durchgängigen Charakter bei. Unter der Treppe zum Ess-/Kochgeschoss soll noch eine Schubladeneinheit eingebaut werden, die zusätzlichen Stauraum bereitstellt, und vom Keller des angrenzenden Reihenhauses hat man sich ein Stück als Schrankraum abgezwackt. Ansonsten kommt man bestens mit den Möglichkeiten zurecht – war es doch der ausdrückliche Wunsch der Bauherren, „unnötigen Ballast abzuwerfen".

ganz unten Der große Luftraum über dem Essplatz und die beachtlichen Deckenhöhen von bis zu 6 Metern schenken dem extrem schmalen Haus erstaunliche Großzügigkeit. Das über zwei Geschosse reichende, 5 Meter hohe Panoramafenster entgrenzt die Räume und sorgt für optimale Belichtung.

unten Der Blick durch das Obergeschoss Richtung südseitiger Loggia bleibt dank der filigranen Stahlbrüstungen unverstellt.

rechte Seite Freie Sicht über den Essplatz durchs Erdgeschoss bis zum nordseitigen Eingang und auf die Galerie. Die Küche ist so eingepasst, dass sie den Raumzusammenhang nicht beeinträchtigt. Die Böden sind wie der Küchenkorpus aus geölter Eiche.

unten rechts Blick durch das wohnliche Untergeschoss zum nördlichen Schlafzimmer und zum Bad.

unten Schlafzimmer im Untergeschoss. Ein senkrechtes Fensterband stellt den Außenbezug auf der Nordseite her und lässt Streiflicht einfallen. Eine Fenstertür stellt den direkten Zugang zum Garten her.

ganz unten Fast loftartig wirkt der Raumzusammenhang im Untergeschoss dadurch, dass das Badezimmer nicht abgetrennt ist. Die Dusche wurde verglast, um diesen Eindruck von Durchgängigkeit zu bewahren.

oben Ein schmales Haus, das nicht schmal wirkt. Die Treppe zur Galerieebene ohne Setzstufen fügt sich in die Offenheit des Raumeindrucks ein.

rechts Blick durch die Küche zum Essplatz. Das große Fenster beim Essplatz sorgt für reizvolle Licht- und Schattenspiele. Der zurückversetzte Sockel der Küchenzeile bewirkt, dass der Korpus eine leichte, fast schwebende Anmutung erhält.

Seite 54 Der Entspannungs- und Leseplatz im nördlichen Bereich der Galerieebene zeigt, wie die Planung von spannungsvollen Höhendifferenzen lebt. Hier ist unter die Dachschräge ein gemütliches erhöhtes Podest für die Bibliothek eingepasst.

WICHTIGE BAUDATEN

Bauaufgabe Neubau eines Reiheneckhauses für ein Ehepaar
Standort bei München
Baufertigstellung 2012
Grundstücksgröße 271 m²
Wohnfläche 90 m²
Bruttorauminhalt (BRI) ca. 450 m³
Bauweise Untergeschoss massiv, Erd- und Dachgeschoss Holzbauweise
Energiekonzept Gasbrennwerttherme, Solarthermie vorbereitet (Energieversorgung vom Nachbarhaus)
Heizenergiebedarf/Jahr 50,4 kWh/m²a
Gesamtkosten keine Angaben

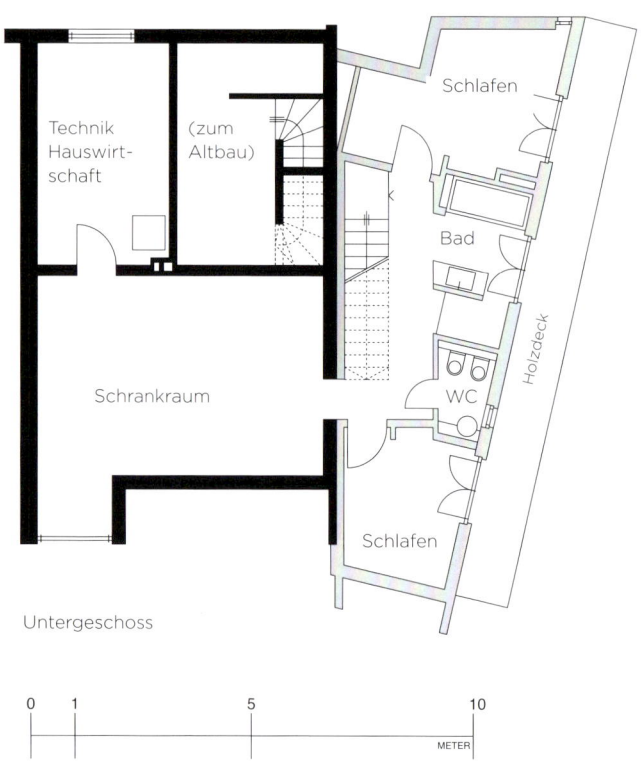

Untergeschoss

Kleine Parzellen optimal nutzen

Um Grundstücksflächen bestmöglich zu nutzen, ist vom Planer große Kreativität gefragt. Die in den geltenden Bauordnungen von Bund und Ländern bzw. Kantonen festgeschriebenen Abstandsflächen zum Nachbarn müssen, wenn keine Ausnahmegenehmigungen erteilt werden, eingehalten werden, ebenso die gegebenenfalls in örtlichen Bebauungsplänen und Gestaltungssatzungen festgelegten Baufenster und Gebäudeabmessungen. Die Zahl der genehmigungsfähigen Vollgeschosse und die vorgeschriebene Dachform spielen für das Erreichen der benötigten Wohnfläche ebenfalls eine wichtige Rolle. Bauherren und Architekt tun gut daran, frühzeitig die genehmigungsrechtlichen Voraussetzungen abzuklären, um unliebsame Überraschungen zu vermeiden.

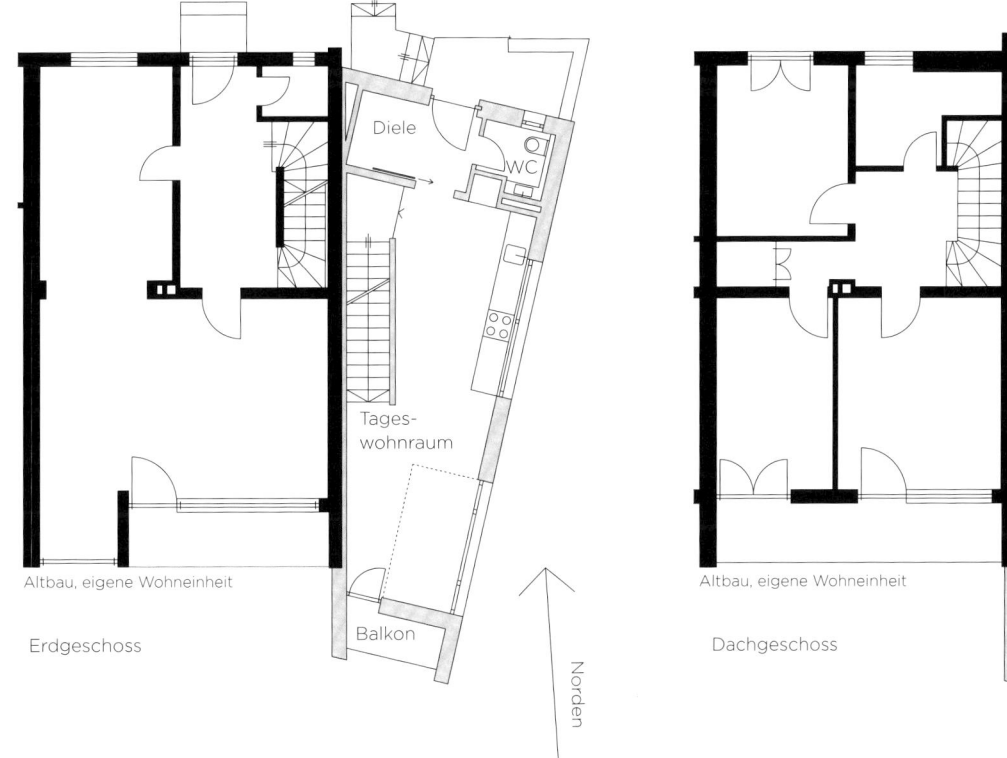

DIE SPIEGEL-SKULPTUR

Kompakte Architektur-Kunst mit hoher Individualität

Delugan Meissl Associated Architects, Wien
Projektarchitekt: Gerhard Gölles

Das Wiener Architekturbüro Delugan Meissl Associated Architects beschäftigt sich weltweit mit Großprojekten, richtet sein Augenmerk aber ebenso auf ganz kleine Bauaufgaben und Einheiten. Die Casa Invisibile genannte Architektur-Skulptur, eine Wohneinheit mit hohem Vorfertigungsgrad, verbindet kompakte Abmessungen mit einem hohen Nutzwert und einem außergewöhnlichen Erscheinungsbild.

Die Spiegel-Wohnskulptur

Die zwei ersten Exemplare der Casa Invisibile befinden sich, nah beieinander, in freier Naturlandschaft. Mit ihren nahezu komplett verspiegelten Fassaden wirken die lang-rechteckigen Kuben zugleich außergewöhnlich und zurückgenommen. Einerseits wird die Form als spiegelndes Kunstwerk inszeniert, andererseits nimmt sich die Architektur zurück, indem sie als reine Projektionsfläche für die Umgebung dient.

Kompaktes Hauskonzept mit vielfältigen Einsatzorten

Komplett in der Werkstatt schlüsselfertig montiert, kann das Holzhaus an den unterschiedlichsten Orten aufgestellt werden, also natürlich auch in vor- und innerstädtischer Lage oder sogar auf Dächern bestehender Gebäude. Mit seinen Außenabmessungen von 14,50 × 3,50 Metern lässt es sich problemlos mit dem Tieflader transportieren. Nicht zuletzt kann die Einheit komplett demontiert und an anderem Ort neu errichtet werden.

oben und rechte Seite Die Außenansichten bei Abendstimmung zeigen, wie das Fassadenkleid aus Aluminium-Verbundplatten die Landschaft spiegelt und so die Architektur aufzulösen scheint.

Vielseitige Raumlösungen und Einsatzzwecke

Die Casa Invisibile funktioniert als vollwertiges Wohnhaus ebenso wie als Ferienheim, Erweiterungsbau oder Büro. Der offene Grundriss, durch Sanitärbereich und Kaminofen gegliedert, kann weitgehend frei gestaltet und den Bedürfnissen der Nutzer angepasst werden. Die gezeigten Wohnhäuser zeichnen sich durch eine klare Zonierung aus, wobei an den beiden Enden das intime Schlafzimmer beziehungsweise der Koch-, Lager- und Sanitärbereich angeordnet sind. Der anthrazitfarbene Kamin wirkt als Raumteiler, lässt dank der verglasten Feuerstelle aber den offenen Raumzusammenhang und die Sichtachsen frei.

Gefühlte Größe, Innen- und Außenbezüge

Neben raumsparenden Lösungen wie der kompakten Küchenzeile und den Einbauschränken, die den erlebten Raum aufwerten, sind auch die Durchblicke und die großen Panoramafenster wichtig, um visuelle Grenzen aufzulösen und die Raumwahrnehmung aufzuwerten. Ferner wurde überall auf hohe Materialqualität geachtet: Die Oberflächen der Innenräume – Böden, Wände und Decken –, bestehen durchgehend aus heimischen, weiß lasierten Hölzern, wodurch eine zugleich helle und warme, sehr angenehme Wohnatmosphäre entsteht.

oben Die Casa Invisibile in der Landschaft.

rechts Die aufgeschobene Glasfront gibt den Blick von der (hier mit Bruchsteinplatten belegten) Terrasse in den Innenraum frei.

linke Seite Blick über die Terrasse zur Panoramaverglasung, die den Wohn-, Ess- und Kochbereich bestens belichtet.

links und unten Die ohne Sichtbarrieren ineinander übergehenden Bereiche fürs Wohnen, Essen und Kochen sowie die großen Verglasungen lassen das kompakte Haus sehr geräumig wirken.

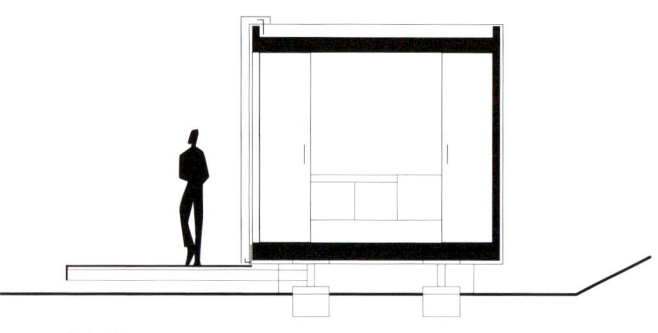

Schnitt

rechts Der dunkle Kaminblock dient als Raumteiler. Sein bandartiger Einschnitt mit dreiseitig verglastem Brennraum bewahrt dennoch die Durchgängigkeit des Raumeindrucks.

unten Schlafbereich mit für die Casa Invisibile sondergefertigten, dynamisch designten Hängeschränken, die den Boden frei lassen und damit visuelle Größe erzeugen.

Spiegelfassaden

Die Casa Invisibile gewinnt durch ihre spiegelnden Fassaden eine besondere Schönheit. Der grandiose Eindruck geht dabei keineswegs mit einem immensen Aufwand einher. Die auf einer metallenen Unterkonstruktion montierten Aluminiumverbundplatten sind zudem sehr langlebig, widerstandsfähig und bruchfest.

oben und rechte Seite
Außenansichten mit Landschaftsbezug. Die intimen Bereiche des Hauses werden durch schmale, übereck geführte Fensterbänder belichtet.

WICHTIGE BAUDATEN

Bauaufgabe Neubau eines Wohnhauses für zwei bis drei Personen (und unterschiedliche Einsatzzwecke)
Standort beliebig/Innenstadt, Vorstadt, Land
Baufertigstellung Beispielgebäude 2014
Bebaute Fläche ca. 50 m²
Wohn- und Nutzfläche ca. 45 m²
Bruttorauminhalt (BRI) ca. 160 m³
Bauweise Holzelementbauweise
Gesamtkosten brutto auf Anfrage

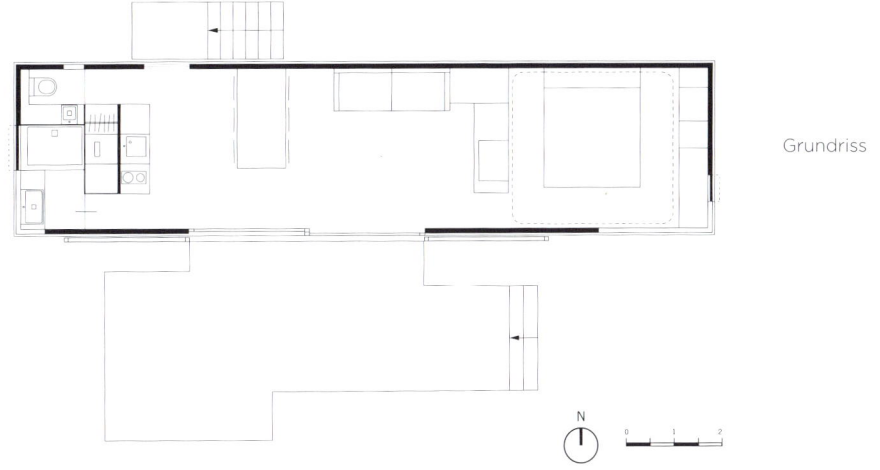

Grundriss

BEHAUST ÜBER DER STADT

Außergewöhnliches Dachgebäude

Flatz Architects/Martin Flatz, Wien

Der Wiener Architekt Martin Flatz baut selten im Rahmen des Gewohnten, sondern sucht nach Lösungen, die neue Sichtweisen eröffnen. So geriet auch die für sich selbst errichtete Bleibe über den Dächern der Stadt zu einem kreativen Kleinkosmos mit 60 Quadratmetern Wohnfläche.

Spannendes Wohndesign in Kompaktversion

Martin Flatz erwarb um das Jahr 2007 ein Dachgeschoss im rückwärtigen Teil eines sechsgeschossigen Mehrparteienhauses. Der minderwertige Teil des Dachstuhls wurde abgebrochen und durch ein neues Dach-Haus ersetzt, dessen äußere Form mit dem Konzept ineinanderfließender Flächen arbeitet. Nach außen hebt es sich durch Bullaugenfenster und eine gläserne, tropfenförmige Auswölbung – das frühere Cockpit einer außer Dienst gestellten MiG (ein russischer Düsenjet) – von der übrigen Dachlandschaft ab. Durch die dunkle Farbgebung der Fassade und die Kleinteiligkeit sucht es aber gleichzeitig die Nähe zur gebauten Struktur. Die Dachhaut besteht – abgesehen vom Bereich des Dachgartens – aus schwarzen, hinterlüfteten Aluminiumsandwichplatten.

Kleine Flächen mit großer Wirkung

Im Unterschied zu den bekannten schicken, aber nicht immer fantasievollen Luxus-Dachlofts findet sich hier die Inspiration im Detail. Im Vordergrund stand immer der Gedanke, die begrenzte Fläche durch spannende Inszenierungen aufzuwerten. Angelehnt an das im Schiffbau angewandte Prinzip

oben Fassadendetail mit Plexiglashaube
eines MiG-Cockpits als Fenster.

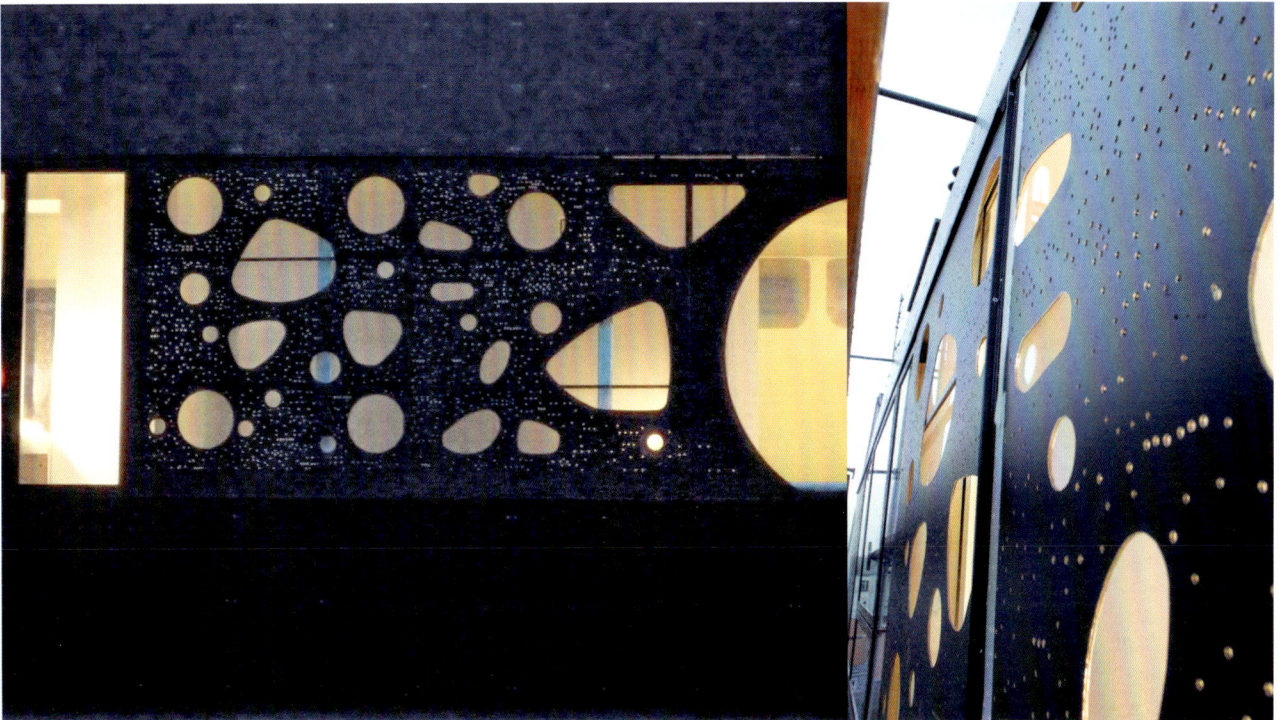

ganz oben Neue und alte Dachlandschaft: Die Ostseite ist als perforierte Fassade ausgeführt.

oben Die zweischichtige Fassade dient der Klimaregulierung.

des ship shape design – die Planung jedes Details mit kleinstmöglichen Abmessungen –, entwarf der Architekt hier sein persönliches Minimalismus-Konzept. Auch dies setzt auf höchstmögliche Architektur- und Wohnqualität bei geringer Fläche, ergänzt um Kennzeichen der Luft- und Raum- beziehungsweise Schifffahrt.

Räume schaffen, Stimmungen erzeugen

Martin Flatz entwickelte ein Konzept aus vielfach ausdifferenzierten Erlebnisräumen entwickelt, die durch entsprechende Möblierung voneinander abgegrenzt sind. Da ist der taghell belichtete, gemütliche Schlaf- und Entspannungsplatz unter der kreisrunden Plexiglaskuppel, die gleich einer gefassten Perle aus dem Dachbereich heraustritt. Dem Ausstiegsglaskasten zur Terrasse ist ein nischenartiger, gut belichteter Arbeitsplatz zugeordnet. Und die zweigeschossige Dachterrasse selbst ist nach Art und in der Form eines Schiffsdecks gestaltet, natürlich stilgerecht holzbeplankt. Neben dem als Einraum gestalteten, offenen Erdgeschoss zum Wohnen, Essen, Kochen und Arbeiten gibt es ein intimeres Obergeschoss zum Schlafen.

rechte Seite oben beide Blick vom Eingang zum Wohnbereich.

rechte Seite unten Schwarze Schale, weißer Kern: Der weiße Anstrich der Innenräume, der durch die hervorragende Belichtung noch unterstrichen wird, tritt in planvollen Gegensatz zur dunklen Fassade. Zudem erscheint dadurch die relativ geringe Wohnfläche optisch größer.

unten Die Außentreppe führt empor zum Dachgarten und beschattet den Arbeitsplatz.

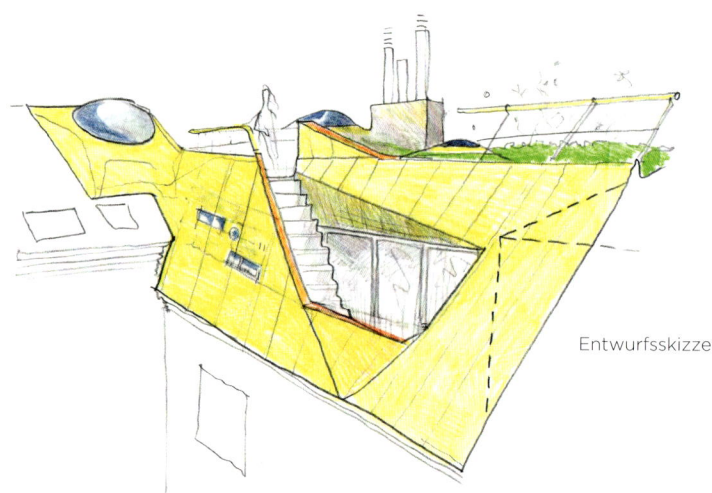
Entwurfsskizze

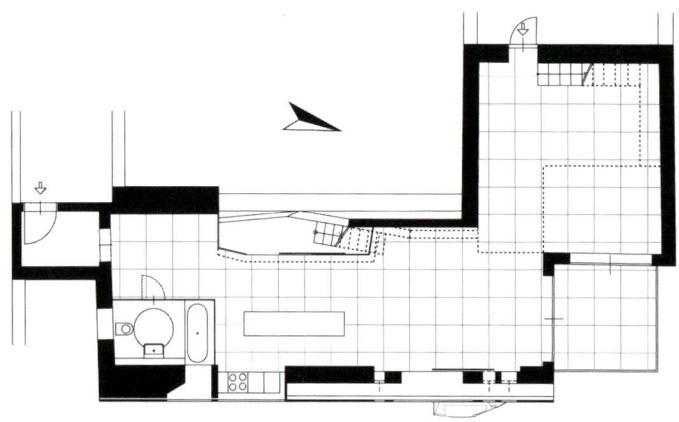
Grundriss

WICHTIGE BAUDATEN

Bauaufgabe Neubau eines Wohnhauses für eine Person
Standort Wien, 8. Bezirk
Baufertigstellung 2011
Grundfläche 51 m²
Wohnfläche 70 m²
Bruttorauminhalt (BRI) 188 m³
Bauweise Mischbauweise (Holz, Stahl, Beton)
Gesamtkosten keine Angaben

Ungewöhnlich bauen

Nicht alle Genehmigungsbehörden haben ein offenes Ohr für außergewöhnliche Architekturentwürfe. Dennoch ist manches Mal mehr möglich, als man annehmen würde, wenn der Architekt es fundiert zu begründen weiß. Private Bauherren können grundsätzlich mehr umsetzen, als es etwa bei öffentlichen Gebäuden oder Mietwohnraum der Fall ist, auch wenn es nicht immer die Flugzeugkabine sein wird.

oben Speichertreppe im heutigen Schlafraum.

linke Seite oben links Die Plexiglaskuppel belichtet den Schlafplatz unterm Dach.

linke Seite oben rechts Spaß und Entspannung unter der transparenten Kuppel.

WOHLFÜHLBUNGALOW IN WEISS

55 Quadratmeter perfekt aufgeteilt

FRAM arquitectos/Franco Riccheri, Agustín Mendiondo, Buenos Aires

In der argentinischen Provinz Río Negro, deren Landschaft geprägt ist von dem gleichnamigen Fluss, Pappelwäldern und der patagonischen Hügellandschaft, entstanden mehrere architektonisch bemerkenswerte Kleinhäuser. Franco Riccheri und Agustín Mendiondo von FRAM arquitectos sind Experten für das Entwerfen innovativer, kostengünstiger *compact homes* mit gestalterischem Anspruch.

Dynamische Formensprache mit einfachem Kniff

Gerade bei kleinen Gebäuden ist es oft gar nicht so einfach, eine architektonisch interessante Form zu entwerfen. Hier gelang dies vorzüglich: Ein lang-rechteckiger, weiß verputzter Kubus wird durch einen Pultdachteil mit Lichtband gebrochen und so die Gesamterscheinung dynamisiert. Assoziationen zu einer Jacht sind nicht ganz zufällig – befindet sich doch der Río Negro in unmittelbarer Sichtweite. Von den südorientierten Sonnenterrassen aus haben die Bewohner den Fluss immer im Blick.

oben Nordansicht der Hausgruppe mit kubisch klarer Kubatur, jeweils nur einem senkrechten Fenster.

oben beide Die Häuser öffnen sich auf der Südseite zum Licht, sind dabei aber vor Überhitzung geschützt.

oben Die Vordachkonstruktion über der Terrasse besteht aus geschälten Rundhölzern. Sie bildet einen spannenden gestalterischen Kontrapunkt zur geradlinig klaren Modernität der Architektur.

Klare Zonierung, hoher Wohnwert

Entscheidend bei kompakten Gebäuden ist die Gestaltung des Grundrisses. FRAM arquitectos gelang auch dies überzeugend: An die südliche Terrasse schließt sich der Wohnbereich an, eine große Verglasung mit Öffnungsflügeln holt viel Helligkeit in den Raum, dank der Terrassenbeschattung kommt es nicht zur Überhitzung. Auf den Wohnbereich folgen Essplatz und Küche. Diese werden über die Verglasung im Pultdach mit weichem Licht aus Norden versorgt. Durch eine Wandscheibe getrennt, schließen sich die Sanitärräume und das Schlafzimmer nach Norden an. Gäste können bei Bedarf im Wohnbereich übernachten.

Reduzierter Farb- und Materialkanon

Passend zur Lage in der Natur entschied man sich für natürliche Farben und Oberflächen. Weiß verputzte Innen- und Außenwände korrespondieren mit dem geölten Holz der Fenster und Lamellenkonstruktionen sowie dem Grau des Sichtbetons. Die Ausstattung und die Wohntextilien nehmen die Holztöne wie auch das dunkle Rot der Küchenfliesen auf.

oben Ausblick vom Wohnbereich
in die Landschaft. Innenliegende Rollos
dienen als Sichtschutz.

unten Wohnen, Essen und Kochen
als räumliche Einheit.

oben Seitenansicht mit dem Hauseingang. Durch das Pultdach ergab sich die Möglichkeit, den Wohnbereich zusätzlich von Norden zu belichten.

unten Die Hölzer des Vordachs zeichnen Licht- und Schattenspiele auf Boden und Wände.

Terrasse mit Low-Budget-Sonnenschutz

Große Verglasungen nach Süden gehören zum Standardrepertoire der modernen Architektur, um viel Licht und im Winter Sonnenwärme hereinzuholen. Hightech-Sonnenschutz kann jedoch teuer sein, und gerade bei kompakten Wohnhäusern kommt es oft auf günstige Lösungen an. Diese hier hat sogar gestalterischen Mehrwert, denn die einfache Rundholz-Konstruktion der Terrassenüberdachung passt zur puristischen Architektursprache. So wird nicht nur der Außenbereich, sondern auch der Wohnraum wirkungsvoll beschattet.

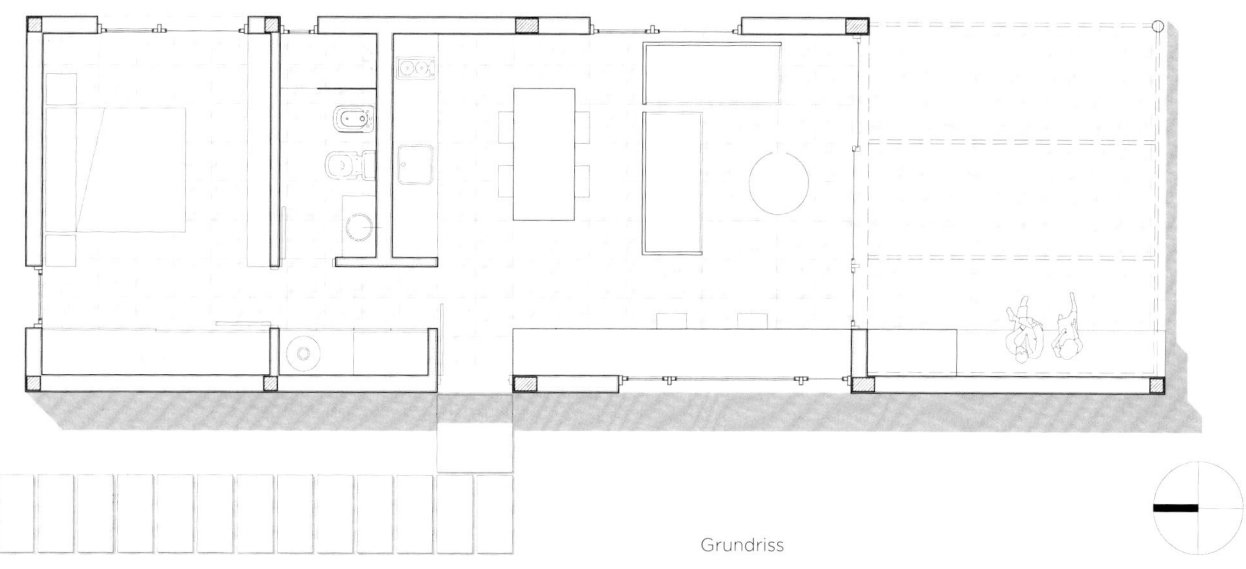

Grundriss

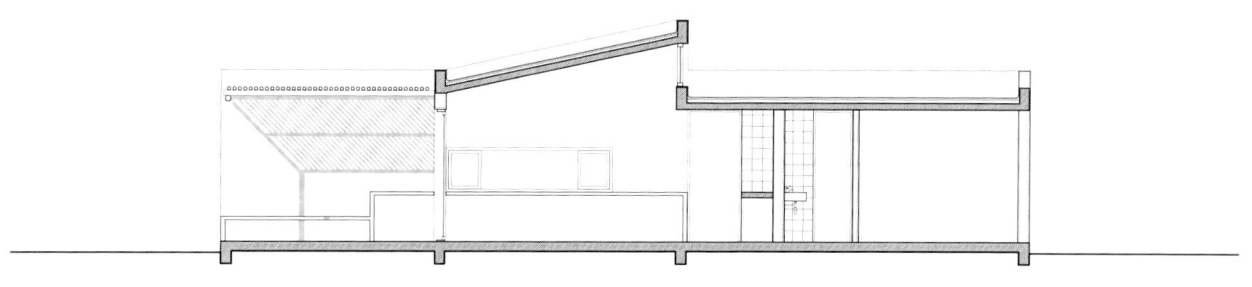

Schnitt

WICHTIGE BAUDATEN

Bauaufgabe Neubau eines Wohn- und Ferienhauses für ein Paar (insgesamt drei identische Einheiten)
Standort Region Río Negro, Patagonien (Argentinien)
Baufertigstellung 2013
Grundstücksgröße ca. 4.000 m²
Wohnfläche 55 m²
Bauweise massiv (Stahlbeton)
Gesamtkosten keine Angaben

WOHNEN AM SEE

Kleines Haus mit drei Ebenen

hicker architekten, Friedberg/Bayern

Der Friedberger Architekt Hans Hicker wurde mit der Beplanung einer See-Anrainer-Parzelle in einem Gebiet beauftragt, für das ein Bebauungsplan besteht und das kleinen Wochenendhäusern gewidmet ist. Der Architekt konnte hier die Erfahrung einbringen, die er vor einigen Jahren bei einem anderen Haus in unmittelbarer Nähe gewonnen hatte.

Geschickt bauen unter erschwerten Bedingungen

In der Wochenendhaussiedlung durfte eine Grundfläche von höchstens 50 Quadratmetern zuzüglich eines Wintergartens mit 20 Quadratmetern bebaut werden. Außerdem wurde ein kleines Nebengebäude von höchstens 20 Quadratmetern genehmigt, das keinen internen Zugang vom Haus haben sollte.

Das Erdgeschoss, das Richtung Süden durch einen Bauteil mit Flachdach erweitert wird, dient dem Wohnen, Essen und Kochen; eine große Terrasse setzt die Wohnfläche nach draußen fort. Sitztreppen laden hier

oben Die Ansicht von Südwesten zeigt die besonders geschlossene Form des Hauses, die sich aus dem Verzicht auf Dachüberstände, die verdeckte Führung der Traufe und das für Dach und Wände identische Material ergibt. Rechts der gläserne Anbau.

rechte Seite Ansicht der großflächig verglasten Seeseite. Hebe-Schiebetüren ermöglichen es, die Innenräume weit zum Garten zu öffnen. Die Treppe dient im Sommer auch als Sitzbank.

zum Verweilen ein. Die geringe Grundfläche des Hauses wurde durch eine Unterkellerung mit Kinderzimmer und Bad ausgeglichen. Das Elternschlafzimmer entstand, ebenfalls als separater Raum, unterm Dach und verfügt über ein eigenes Bad. Große Glasflächen öffnen sich im Erd- wie Obergeschoss zum Wasser, für Sonnenschutz sorgt seeseitig ein Vordach aus Metalllamellen.

Formal einfach und geschlossen

Als Massivholzkonstruktion auf einem Kellergeschoss aus wasserundurchlässigem Beton errichtet, zeigt sich das Haus mit steil geneigtem Satteldach und, dank der verdeckten Traufe, in geschlossen-monolithischer Form. Die großen schwarzen Tafeln, die sowohl die Fassaden als auch das Dach bekleiden, stellen ein ruhiges Gesamtbild her. Seeseitig erweitert der eingeschossige, mit Flachdach versehene Wintergarten die Wohnfläche.

Bauen in Sonderbaugebieten

Außerhalb von ausgewiesenen Siedlungsbereichen liegen meist eine eingeschränkte Bebaubarkeit und strengere Bebauungsrichtlinien vor. Bei der Neubebauung darf – je nach regionaler Bauordnung und geltenden Baubestimmungen – nur eine bestimmte Grundfläche bebaut werden, und es sind nur eingeschränkte Abmessungen genehmigungsfähig. Unabdingbar ist es, sich vor Beginn jeder Planung oder gegebenenfalls vor dem Grundstückserwerb mit der Genehmigungsbehörde in Verbindung zu setzen.

links Blick über die Terrasse auf den See. Das metallene Vordach schützt wirksam vor der Sommersonne.

rechte Seite oben und unten Die panoramaartigen Ausblicke durch große Glasflächen können die Bewohner sowohl vom Schlafzimmer unterm Dach als auch vom Wohngeschoss aus erleben.

Seite 82/83 Größenwirkung durch Entgrenzung: Der Raum wird Teil des Gartens. Durch Übereckverglasungen wird dieser Effekt noch verstärkt. Direkt am See hat man eine weitere Terrasse mit Essplatz für das perfekte Naturerleben gebaut.

oben Im kleinen, aber sehr angenehmen Untergeschoss wurden das Bad und ein Kinderzimmer untergebracht, das auch einmal als Gästezimmer dient. Den Raum unter der Treppe hat man platzsparend für einen Einbauschrank genutzt, der durch ein diagonales Lichtband akzentuiert wird.

WICHTIGE BAUDATEN

Bauaufgabe Neubau eines Wohnhauses für eine Familie mit Kind
Standort bei Augsburg
Baufertigstellung 2015
Grundstücksgröße ca. 900 m²
Wohnfläche 81 m²
Bauweise Massivholzkonstruktion (Kreuzlagenholz)
Energiekonzept Gasbrennwerttherme
Gesamtkosten keine Angaben

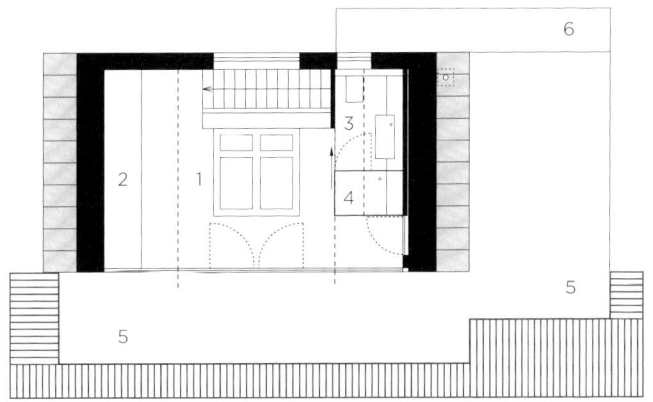

Dachgeschoss

1 Schlafen
2 Einbauschrank
3 Bad
4 Dusche
5 Flachdach
6 Vordach

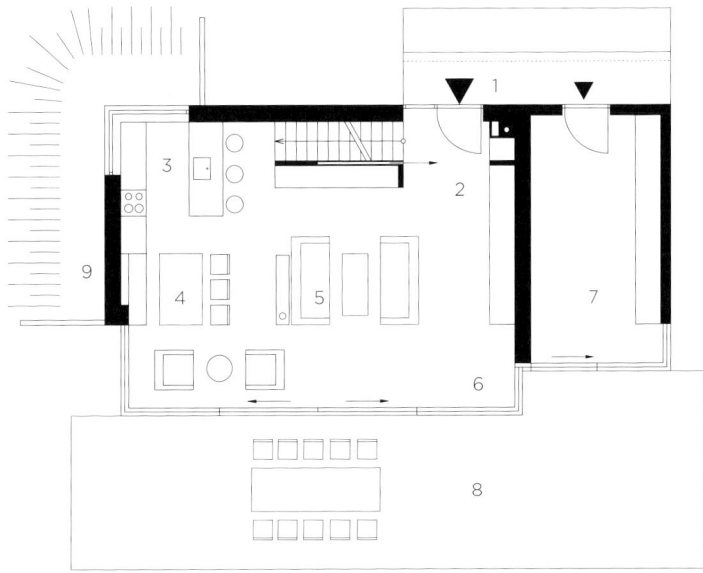

Erdgeschoss

1 Haupteingang
2 Eingang/Flur
3 Kochen
4 Essen
5 Wohnen
6 Wintergarten
7 Nebengebäude
8 Terrasse
9 Lichtgraben

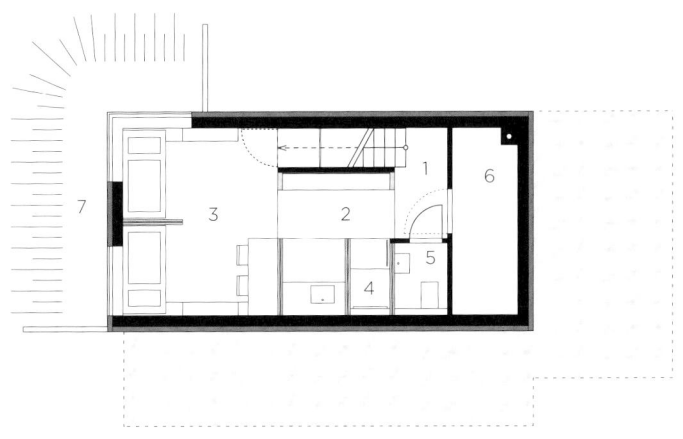

Kellergeschoss

1 Flur
2 Badbereich
3 Kinder/Gast
4 Dusche
5 WC
6 Technik
7 Lichtgraben

WOHN-LEUCHTTURM IM HINTERHOF

Gekonnte Nutzung einer innerstädtischen Restparzelle

David Jameson Architect, Washington D.C.
Projektarchitekt: Alex Stitt

Beim Bau von Wohnhäusern in meist hoch verdichtetem innerstädtischem Umfeld stellt sich immer die Frage, wie mit der Nähe der Nachbarn und der Einsehbarkeit umzugehen ist. Die Antwort in diesem Fall lautete: völlige Offenheit und Intimität gleichermaßen.

Einheit aus Gegensätzen

Zwei großflächig verglaste Geschosse, eins für Wohnen, eins für Essen und Kochen, mit schwarzen Fensterrahmen ruhen auf einem geschlossenen, weiß verputzten Sockelgeschoss in Massivbauweise, wo das Schlafzimmer untergebracht ist. Ein ebenfalls weißer, fensterloser Treppenbau grenzt das Haus von der unschönen Umgebung auf der Ostseite ab. So verbinden sich bewusst gesuchte Offenheit mit fallweiser Geschlossenheit, transparente Stahl-Glas-Architektur mit weißen Kuben zur vollkommenen Einheit.

oben Wohngeschoss zum Wohlfühlen. Hinten der Durchblick zum Treppenanbau.

rechte Seite Gesamtansicht übereck. Bei abendlicher Beleuchtung strahlen das Ess-/Koch- und das Wohngeschoss wie Leuchtkörper. Ganz unten das Schlafgeschoss, hinten der Treppenanbau. Dem Koch- und Essbereich ist eine Terrasse zugeordnet, eine weitere bekrönt das Gebäude.

Jedem Stockwerk seine Wohnfunktion

Alle drei Ebenen haben eigenständige Funktionen. Verbunden sind sie durch den nach außen geschlossenen, nach innen völlig geöffneten Treppenbau, dessen Volumen so in die Wohnräume einbezogen wird und sie insgesamt größer wirken lässt. In Nischen des Treppenturms sind die Küchenzeile beziehungsweise ein Sideboard eingebaut. Da der Treppenturm vier Geschoss hoch aufragt, dient er auch als wirkungsvoller Sichtschutz beim Aufenthalt auf der Dachterrasse.

Glas und Größenwirkung

Die jeweils nach zwei Seiten komplett geöffneten Glasfassaden von Wohn- sowie Ess- und Kochgeschoss, deren Grenzen durch die Transparenz zu verschwinden scheinen, tragen wesentlich dazu bei, die Räume optisch aufzuweiten. Bei abendlicher Stimmung zeigt sich das Hinterhofhaus als wahrer Architektur-Leuchtturm.

oben Blick vom Treppenhaus auf die Terrasse, die sich auf Höhe des Ess- und Kochgeschosses befindet.

linke Seite Blick in die Wohn- und in die Ess-/Kochebene.

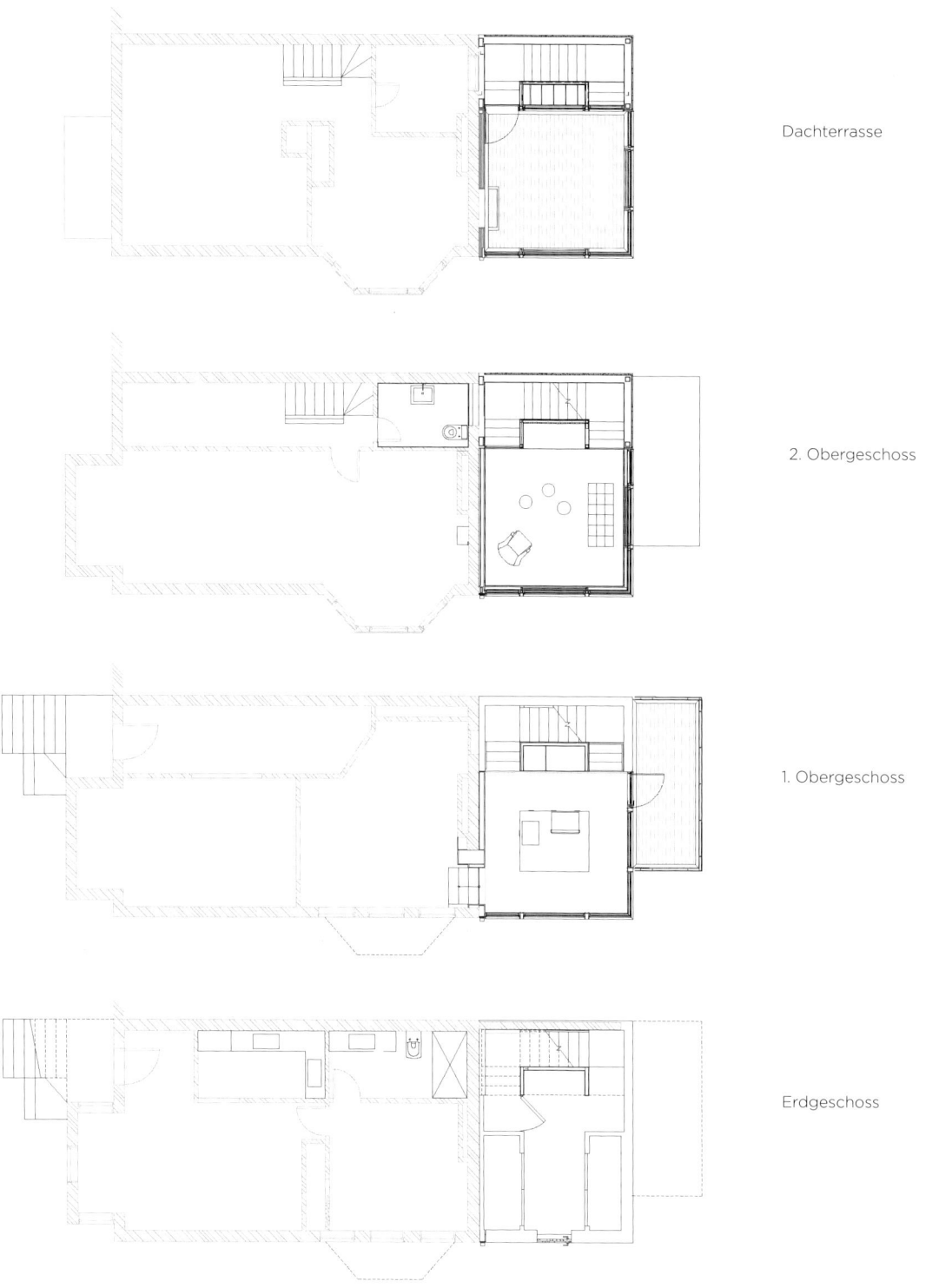

Dachterrasse

2. Obergeschoss

1. Obergeschoss

Erdgeschoss

WICHTIGE BAUDATEN

Bauaufgabe Neubau eines Wohnhauses für ein Paar
Standort Washington D.C. (USA)
Baufertigstellung 2011
Grundstücksgröße ca. 45 m²
Wohn- und Nutzfläche 70 m²
Gesamtkosten keine Angaben

oben Ausblick vom Wohnraum.
Das Geäst der großen Bäume im Hof
filtert das Licht und tut dem Auge in
diesem innerstädtischen Bereich gut.
Die Kronen lassen im Winter
die wärmende Sonne durch,
ihr Blattwerk schützt im Sommer
vor Überhitzung der Innenräume.

In die Höhe bauen

Gerade in Innenstadtbereichen werden Baugrundstücke immer rarer und teurer. Gleichzeitig ist der Bestand an bebaubaren Restgrundstücken vielerorts noch nicht ausreichend erfasst und genutzt. In einigen Fällen haben Architekten gemeinsam mit den kommunalen Bau- und Liegenschaftsbehörden alle verfügbaren Parzellen zusammengetragen, seltener liegen dafür bereits Erhebungen der Behörden vor.

Dieses Beispiel in der amerikanischen Hauptstadt zeigt, dass hochwertige Einfamilienhäuser durchaus auch auf kleinster Fläche verwirklicht werden können, wenn der Platz optimal genutzt wird – wie hier durch In-die-Höhe-Bauen. Dazu wurden die benötigten drei Zimmer und eine Dachterrasse mit Ausblick auf der nur 45 Quadratmeter großen Parzelle einfach übereinander gestapelt.

WOHNWÜRFEL ALS RAUMKUNSTWERK

Hoher Wohnwert auf 6 × 6 × 6 Metern

Architekt Theis Janssen, Bremen

Baugrund in stark nachgefragten städtischen und vorstädtischen Bereichen wird zunehmend knapp. Gleichzeitig gibt es viele bebaute Grundstücke, die noch reichlich Platz für eine Nachverdichtung bieten – sei es für eigene Erweiterungsbauten, sei es für den Wohnbedarf von Kindern und Verwandten. Wird das neue Gebäude wie hier baulich vom Altbau abgesetzt und funktional als eigenständige Einheit errichtet, kann es später an vielfältige Nutzungswünsche angepasst werden.

Großzügig wohnen auf 6 × 6 × 6 Metern

Multifunktional, vor allem aber als autarkes, vollwertiges Wohnhaus gedacht, dient der kleine Bau heute teils als Gästehaus, teils wird es von den Besitzern selbst zum entspannten Aufenthalt genutzt. Die Intimität und der direkte Naturbezug, der Wellnessbereich mit Sauna im Schlafgeschoss und die große Dachterrasse liefern gute Gründe für einen längeren Aufenthalt. Das im Kasten (Seite 96) beschriebene Belichtungskon-

oben Ansicht von Osten. Der im Obergeschoss untergebrachte Schlafbereich ist durch die hier geschlossen ausgeführte Südostfassade vor sommerlicher Überhitzung geschützt.

rechte Seite Die Westseite wurde auf beiden Geschossen großflächig verglast. Eingangs- und Erschließungsbereich sind geschickt und platzsparend im Nordwesten untergebracht.

zept zählt ebenso dazu wie die großzügige Einraumstruktur des Wohn-/ Ess- und Kochgeschosses unten wie auch des Schlafgeschosses darüber. Ein offener, fast loftartiger Raumeindruck entsteht durch den Verzicht auf unnötige Zwischenwände und Sichtbarrieren sowie durch die ohne Setzstufen konstruierte Treppe zur Dachterrasse – ungeachtet der je unter 25 Quadratmeter großen Ebenen. Bad und WC sind nur so groß wie wirklich nötig dimensioniert und ebenso wie die Treppe geschickt und platzsparend geplant.

Einfache Form, komplexe Planungsaufgabe

Der kleine Baukörper erforderte vom Architekten Theis Janssen, der viele Stunden Baubetreuung vor Ort leistete, ganzen Einsatz. Der Fund einer Fliegerbombe aus dem Zweiten Weltkrieg und ein nicht ausreichend tragfähiger Bauuntergrund waren nur einige der größeren, letztlich jedoch allesamt gelösten Probleme. Der leichte Holzständerbau wurde zur Herstellung der benötigten Tragfähigkeit auf einer setzungsausgleichenden, steifen Gründungsplatte errichtet. Die nicht verglasten Partien der Außenwände sind zum dauerhaften Witterungsschutz mit großformatigen, lichtechten Fassadenplatten *(FunderMax)* verkleidet. Die grau-braune Farbe bindet das Gebäude in sein Umfeld mit altem Baumbestand ein.

Klein groß wirken lassen

Zwei große Verglasungen nach Süden und Westen lösen die Raumgrenzen im Erdgeschoss scheinbar auf. Die Ebene darüber mit dem Schlafzimmer hat einen intimeren Charakter; daher hat man sich auf eine einzige Öffnung auf der Westseite beschränkt, die den Blick auf Bäume und Sträucher richtet. Einblicke von anderen Gebäuden sind dadurch nicht möglich, die Privatheit bleibt gewahrt und dennoch wird das Schlafgeschoss durch die großen Glasflächen visuell wirkungsvoll aufgeweitet.

linke Seite Erdgeschoss mit geöffneter Eingangstür. Einbauschränke sorgen auf geschickte Weise für ausreichenden Stauraum, ohne Platz zu verschenken. Die weiße Box nimmt neben Küchenutensilien auch die Toilette auf. Ums Eck gelangt man zur Treppe.

oben Blick durch das Erdgeschoss in den westlichen Gartenbereich. Große Glasflächen entgrenzen Innen und Außen und weiten so den Raum im Eindruck auf.

unten Der Ausstieg zur Dachterrasse mit weit aufgeschobenem Dachfenster

Für alle Fälle gerüstet

Wenn Gebäude auf dem eigenen Grundstück errichtet werden, ist darauf zu achten, dass sie autark funktionieren, möglichst vielfältigen Zwecken dienen können und somit optimal an sich verändernde Lebensverhältnisse anpassbar sind. Das Gebäude sollte sowohl zum Wohnen zum Beispiel für einen Single als auch als Büro gleichermaßen geeignet sein. Wohn-, Ess-, Koch- und Schlafbereiche, Bad und WC sind obligatorisch. Zusatz-Features wie Sauna und Dachterrasse steigern den Wohnwert zusätzlich. Für einen eventuellen späteren Verkauf sollte durch eine Anfrage bei der Baubehörde geprüft werden, ob das Grundstück teilbar ist. Bei Vermietung ist dies nicht notwendig.

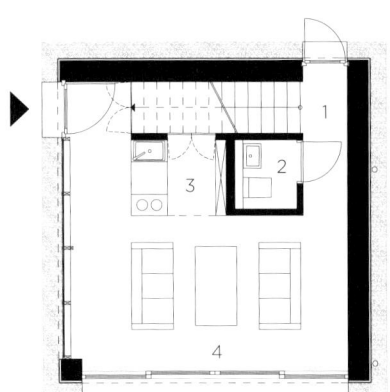  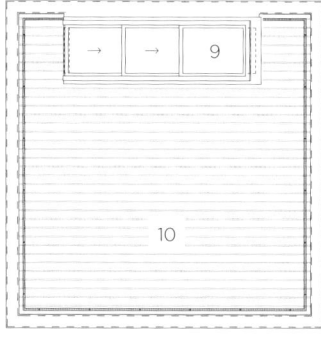

Erdgeschoss　　　　　　　　　Obergeschoss　　　　　　　　　Dachaufsicht

1 Flur
2 WC
3 Pantry
4 Wohnen/Essen
5 Schlafen
6 Dusche
7 Bad
8 Sauna
9 Austritt
10 Dachterrasse

WICHTIGE BAUDATEN

Bauaufgabe Neubau eines Wohn-/Gästehauses
Standort Bremen
Baufertigstellung 2013
Grundstücksgröße 872 m²
Wohn- und Nutzfläche 81 m² (inklusive Dachterrasse)
Bruttorauminhalt (BRI) 216 m³
Bauweise Holzständerbau
Energiekonzept Gasbrennwerttherme, dezentrale Lüftungsanlage mit Wärmerückgewinnung
Heizenergiebedarf/Jahr 87,3 kWh/m²a
Gesamtkosten keine Angaben

oben Das Schlafgeschoss wirkt dadurch größer, dass die Treppenbrüstung verglast ist und die Treppe ohne Setzstufen auskommt – die Blickbeziehungen werden so nicht beeinträchtigt. Rechts die Sauna.

unten Blick über das Bett in den Garten.

ARCHITEKTUR-KUNST IM STRANDKIEFERNWALD

Kompaktes Haus mit engem Außenbezug

Architekten María Victoriuk, Buenos Aires
Projektmitarbeiter: Enzo Vitali

Eine waldartige Naturlandschaft an der argentinischen Atlantikküste bildete den Schauplatz eines gelungenen Versuchs in Sachen architektonischer Nachhaltigkeit. Etwa 360 Kilometer entfernt von Buenos Aires erstreckt sich hier ein großer Bestand von Strandkiefern. Ein Teil dieses Gebiets wurde für eine lockere Siedlungsbebauung freigegeben. Für die beauftragten Architekten, María Victoria Besonías und Luciano Kruk, stellte sich die Aufgabe, ein Wohnhaus mit hoher gestalterischer Qualität zu schaffen, das Bezug zu seiner Umgebung nehmen sollte, ohne diese zu dominieren. Außerdem sollten sie einen möglichst kleinen ökologischen Fußabdruck haben und mit den regional vorhandenen Arbeitskräften und Materialien errichtet werden können.

Moderne Gestaltung mit Rücksicht auf die Natur

Die Architekten vermieden geschickt den Fehler, die Naturhaftigkeit des Orts durch eine alte Holzhütten imitierende Architektur verstärken zu wollen. Bei zahlreichen Besuchen, die der eigentlichen Planung vorausgingen, ließen sie sich vom Geist des Orts inspirieren und entwickelten Ideen für die Verortung und Gestaltung des Hauses. Es gelang ihnen,

oben Abendliche Ansicht, vorn rechts die Sichtbetontreppe.

oben Das obere Geschoss wird durch eine eigene, holzgedeckte Terrasse erweitert. Die Sichtbetonbank im Vordergrund vollzieht diese Zusammengehörigkeit nach, indem sie das Haus von innen nach außen durchstößt.

eine wundervoll klare Architektursprache mit wenigen Materialien umzusetzen, die der Natur ihren Eigenwert belässt. Klare Flachdach-Kuben aus Sichtbeton formen zusammen mit klug gesetzten Verglasungen ein kompakt dimensioniertes Wohnhaus, das mit seinen nur 87 Quadratmetern sehr groß wirkt und gleichzeitig durch sein geringes Volumen und die folglich geringen Außenoberflächen wenig Energie verbraucht, also die Umwelt so wenig als möglich belastet. Dieser Wille zur Nachhaltigkeit zeigt sich auch darin, dass man die Eingriffe in die Landschaft auf ein absolutes Minimum beschränkt und gleichsam um die Strandkiefern herum beziehungsweise zwischen sie hinein baute. Am schönsten zeigt sich dies bei der unteren Terrasse, die dem Wohn- und Essbereich zugeordnet ist: Hier wachsen mehrere Strandkiefern aus dem Holzdeck heraus und durchstoßen das winkelförmige Betonvordach. Auf eine Gartenanlage wurde verzichtet, um den naturhaften Eindruck nicht zu beeinträchtigen. So entsteht der Eindruck eines Waldes, in dem nun eben auch einige Häuser stehen.

Arbeiten mit lokalen Ressourcen

Ein weiteres Element der Nachhaltigkeit war der planvolle Einsatz regional verfügbarer Arbeitskraft. Weit abseits von Großstädten gelegen, war dies hier Massivbau mit Stahlbeton, den die örtlichen Betriebe mit hohem Anspruch bei vertretbaren Kosten herstellen konnten. Zudem ist diese Bauweise, wenn sie gut ausgeführt ist, in der waldartigen Umgebung langlebiger und damit nachhaltiger als etwa die lokal angewandte Holzbauweise.

unten und rechte Seite Aus der unteren Terrasse vor dem Wohnbereich wachsen beim Bau erhaltene Strandkiefern heraus, die dank runder Aussparungen im Vordach bestens weiter gedeihen.

Natur im Haus

Ein wichtiges Element der Architektur und des Wohnens sind die großen Verglasungen, die die Landschaft gleichsam ins Hausinnere transportieren und erlebbar machen. Dank ihnen scheinen Landschaft, Bäume und Architektur zu verschmelzen. Aufgrund des Schattenwurfs der Bäume sind die großen Glasflächen vor allem im Winter aber auch wichtig, um möglichst viel Licht hereinzuholen. Im Sommer dienen die Baumkronen als willkommener Überhitzungsschutz. Technischer Sonnenschutz war aus diesem Grund nicht notwendig.

Großzügige Kompaktheit auf 87 Quadratmetern

Die Hauptaufenthaltsbereiche Wohnen, Essen und Kochen als Einraumstruktur zusammenfassend, zeigt sich das zweigeschossige Haus als weithin durchgängiges Raumkontinuum. Während der Großteil der Gesamtfläche auf diesen Gemeinschaftsbereich konzentriert ist, den die Hausherren zusammen mit den Kindern oder Freunden intensiv nutzen, begnügen sich die beiden Schlafzimmer und das Bad mit geringen Abmessungen. Der Eindruck gestalterischer Geschlossenheit und Purheit verstärkt sich durch den Umstand, dass – abgesehen von Betten, Sesseln und Stühlen – alle Einbauten wie das Haus selbst aus Sichtbeton gefertigt wurden, darunter Küche und Esstisch. Der Clou ist dabei wohl die Sitzbank auf der oberen Terrasse, die die Glaswand des Schlafzimmers durchstößt und dort zum Nachttisch wird!

rechte Seite oben Blick übereck vom Wohn- in den Koch- und Essbereich. Die Einbauten einschließlich des Esstischs sind nach den Plänen der Architekten aus Sichtbeton gefertigt.

rechte Seite unten Ausblick vom Essbereich durch Glasbänder in den Garten. Die Treppe führt ins obere Geschoss mit den Schlafräumen.

Puristisch wohnen mit großer Wirkung

Gerade Häuser in einer landschaftlich attraktiven Umgebung bedürfen keiner großen architektonischen Geste, sondern sollten sich in Formensprache, Materialwahl und Farbigkeit zurücknehmen. Der klare äußere Ausdruck korrespondiert bei guter Architektur immer mit der Reduktion im Innern. Da die Ausblicke, also die Innen-Außen-Bezüge, im Vordergrund stehen, können und sollen die Räume Einfachheit im besten Sinne ausstrahlen. Dazu konnen, wie hier, raue und puristische, nicht veredelte Oberflächen aus Holz oder Sichtbeton ebenso beitragen wie eine gezielte, sparsame Ausstattung mit wenigen guten Stücken.

Obergeschoss

1 Kochen
2 Essen
3 Wohnen
4 WC
5 Deck
6 Schlafen
7 Bad

Untergeschoss

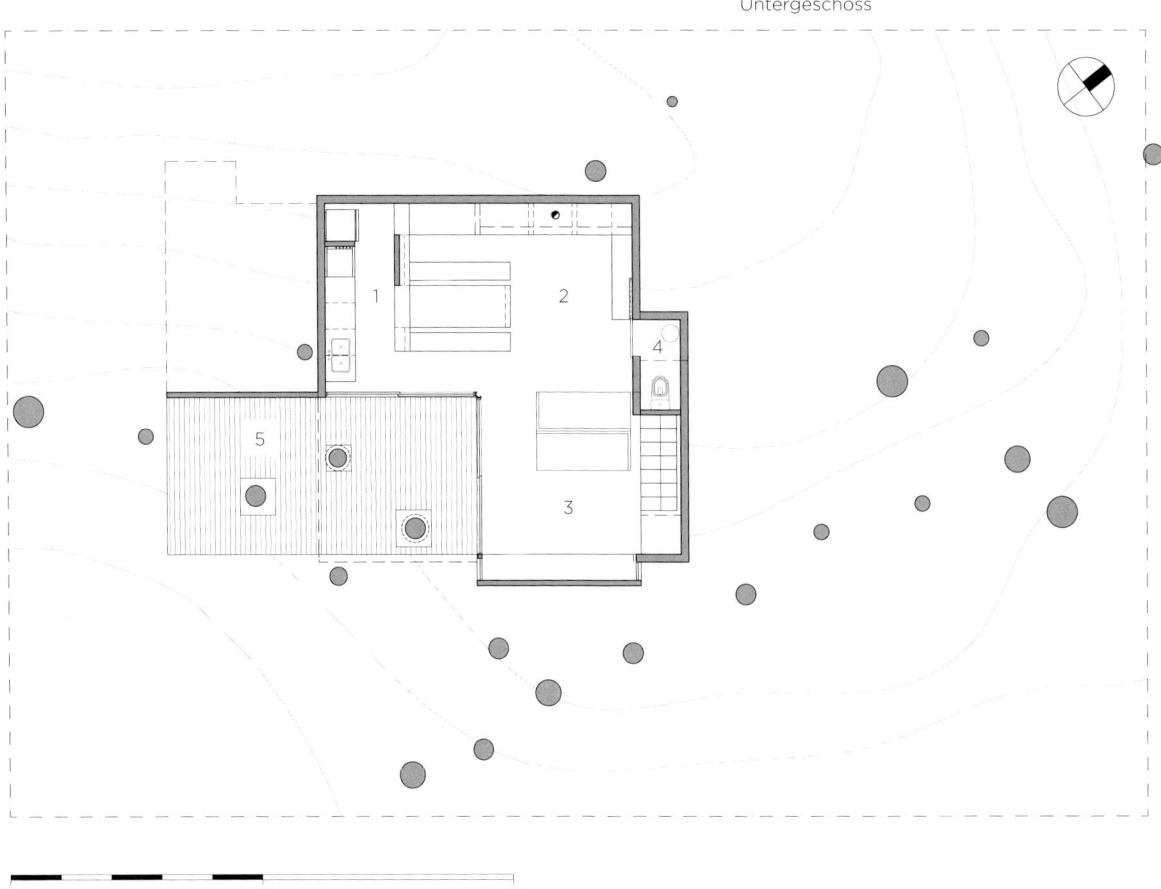

WICHTIGE BAUDATEN

Bauaufgabe Neubau eines Wohn/Ferienhauses für eine Familie mit vier Personen
Standort Atlantikküste/Argentinien
Baufertigstellung 2010
Grundstücksgröße 337 m²
Wohn- und Nutzfläche 87 m²
Bauweise massiv (Stahlbeton)
Gesamtkosten keine Angaben

oben Schlafzimmer mit zur Terrasse durchgesteckter Betonbank, die hier die Nachtkästchen ersetzt.

unten links Blick von dem südöstlichen Schlafzimmer im Obergeschoss nach draußen, zur unteren Terrasse mit den „Hausbäumen".

unten Badezimmer im Obergeschoss mit Übereckverglasung und Ausblick nach Norden.

KOMPAKTE VILLA IM BETONKLEID

Wie groß Klein wirken kann

Architekten María Victoria Besonias und Luciano Kruk
Projektmitarbeiter: Diorella Fortunati, Juan Martín Antonutti, Federico Eichenberg

Inmitten eines waldartigen Areals mit großen Bäumen war ein Grundstück von 333 Quadratmetern Größe zu bebauen. Das Umfeld legte es nahe, eine pure und einfache Formensprache zu finden, die Architektur und Natur zusammenfügen sollte, was auch dem Wunsch der Bauherren entsprach. Es galt zudem, eine Qualität ähnlich der einer großen Villa zu schaffen, allerdings mit einem Bruchteil der hierfür üblichen Wohnfläche.

Reduzierter Materialkanon

Früh fiel die Entscheidung, sich auf wenige Materialien – primär Sichtbeton und Glas – zu beschränken. Ergänzt werden diese durch einige Holzelemente. Die Eingangstür und eine Fassadenpartie aus Holz sind in einem dunklen Ton gehalten, der – nicht ganz zufällige – Ähnlichkeiten mit dem der Pinienrinde aufweist. Das Deck der Terrasse ist ebenfalls mit Holz belegt. So gehen Architektur und Natur auch hier eine gelungene Symbiose ein.

Die Beschränkung auf wenige Baustoffe hatte zunächst gestalterische Gründe, um größtmögliche ästhetische Geschlossenheit und architektonische Klarheit zu erreichen, war aber auch Überlegungen hinsichtlich örtlich verfügbarer Arbeitskraft und zügiger Bauabläufe geschuldet. Die Sichtbetonoberflächen bilden in den Innenräumen den passenden Hintergrund

oben Das Haus von Westen gesehen, mit Blick in den Koch-/Essbereich.

linke Seite Expressive Betonarchitektur: Ansicht der Eingangsseite von Süden.

für die Einrichtung aus modernen Möbelklassikern, wurden in vielen Fällen aber auch selbst zu Möbeln modelliert – etwa als Küchenzeile, Esstisch, Ablagebord, Waschtisch oder Kaminbank. So wird das Haus bis ins Detail durch Beton strukturiert. Dies gilt auch für das Äußere: Ein winkelartiges, expressiv hervortretendes Vordach korrespondiert am Eingang mit der ebenfalls betonierten Aufgangstreppe. Auf der Hofseite des winkelförmigen Gebäudes dienen Betonvordächer als konstruktiver Sonnenschutz.

Transparenz und Durchblicke

Während Betonscheiben Geschlossenheit schaffen und strukturieren, geben die großen Glasflächen gezielt Ausblicke in die Landschaft frei und holen genau die für die jeweilige Funktion benötigte Helligkeit in die Räume. Wohnen, Essen und Kochen, als Raumkontinuum gestaltet, sind ganz zur Terrasse geöffnet. Zur Eingangsseite hin gibt es hingegen nur ein schmales Fensterband in Bodennähe, um direkte Einblicke zu vermeiden.

Die winkelförmig zueinander angeordneten Teilbaukörper mit Wohn-, Ess- und Kochbereich auf der einen und Schlafzimmer sowie Bad auf der anderen Seite stehen zueinander in vielfacher Blickbeziehung, was das Raumerleben nochmals aufwertet. Die beiden Schlafzimmer sind übereinander gelegen und gegenüber dem Wohnbereich jeweils nach unten beziehungsweise oben versetzt. Das untere Schlafzimmer hat einen direkten Zugang zur Terrasse. Die Anordnung der Baukörper zeichnet den natürlichen Verlauf des Geländes nach.

linke Seite oben Blick auf die Eingangsseite von Osten. Das lange Fensterband betont die Horizontale, streckt somit optisch das Gebäude und schafft so schon von außen den Eindruck von Größe.

linke Seite unten Ansicht von Nordwesten. Hinten links der Wohn-, Ess- und Kochbereich mit vorgelagerter Terrasse, rechts der Schlaftrakt.

Stimmungsvoll wohnen mit Sichtbeton

Richtig eingesetzt, können sichtbare Betonoberflächen, wie bei diesem Projekt, sehr einladend und wohnlich wirken. Ihre angenehm raue und zugleich neutrale Ausstrahlung prädestiniert sie für moderne Architektur mit zeitgemäßer Möblierung. Soll es innen wie außen Sichtbeton sein, sind allerdings technische Besonderheiten zu beachten. Aufgrund der relativ geringen Wärmedämmfähigkeit des Materials wird eine zwischenliegende Dämmschicht benötigt. Betonwände haben dafür gute Eigenschaften hinsichtlich des Lärmschutzes.

rechts Blick von Nordosten mit dem Wohnbereich links und den beiden übereinander gelegenen Schlafzimmern rechts.

oben Im Badezimmer sorgen die schmalen Fensterbänder für reizvolle Lichtwirkungen. Das Ablagebord ist aus Beton.

rechte Seite Blick durch den Loftraum für Wohnen, Essen und Kochen.

Erdgeschoss

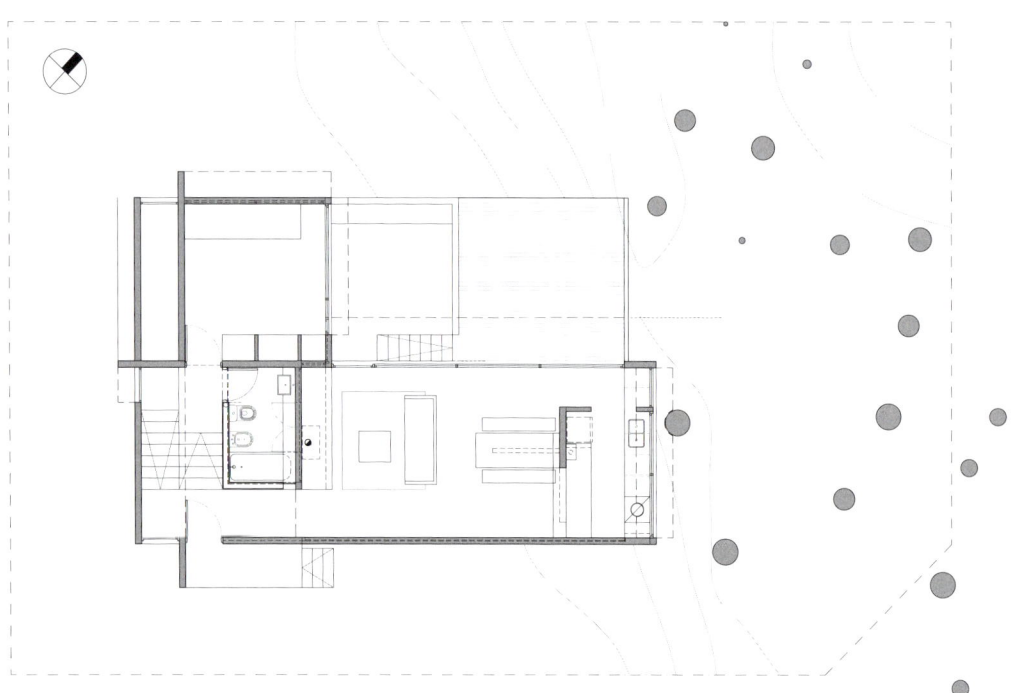

WICHTIGE BAUDATEN

Bauaufgabe Neubau eines Wohnhauses für eine Familie mit vier Personen
Standort bei Buenos Aires (Argentinien)
Baufertigstellung 2012
Grundstücksgröße 333 m²
Wohn- und Nutzfläche 95 m²
Bauweise Stahlbeton
Gesamtkosten keine Angaben

Obergeschoss

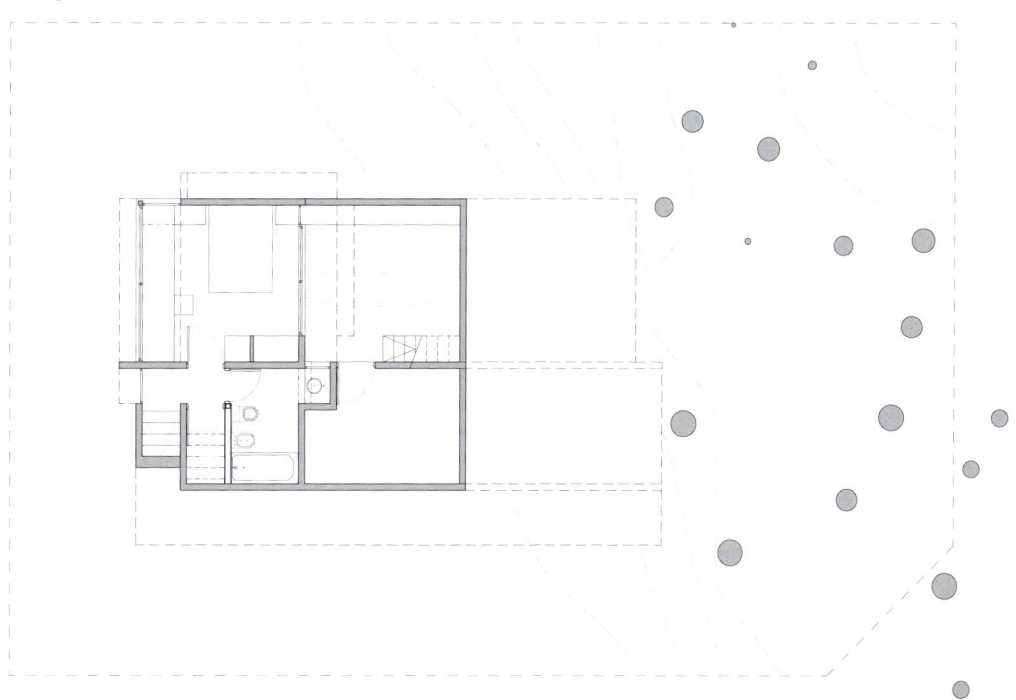

HOCH HINAUS

Meisterliche Wohnarchitektur auf kleinstem Grund

Miurashin Architect + Associates, Tokio

Auf einer Parzelle von 50 Quadratmetern und einer Grundfläche von nur 29 Quadratmetern ein Wohnhaus mit 70 Quadratmetern Wohnfläche zu errichten und einen wohnlichen Innenraumeindruck zu erzeugen, kann als planerische Meisterleistung gelten. Vollbracht hat sie der Tokioter Architekt Shin Miura, dessen Büro selbst in Japan außergewöhnliche Standards setzt. Der turmartige, bis zu 9 Meter aufragende Baukörper bietet weit mehr Wohnqualität, als man aufgrund der Voraussetzungen erwarten dürfte.

Schlanke Strukturen

Um den extrem knappen Raum optimal auszunutzen, bot sich eine schlanke Stahlkonstruktion an, die die Architekten selbst entworfen haben. Das System aus L-förmigen, steckbaren Bauteilen bietet neben dem geringen Platzbedarf und der dadurch entstehenden internen Durchgängigkeit den Vorteil einer schnellen, unkomplizierten Montage und hoher Reversibilität. Das heißt, das Haus könnte grundsätzlich auch wieder abgebaut und andernorts neu aufgerichtet werden.

oben Abendlicher Blick in das von der Straße abgewandte Schlafzimmer.

rechte Seite Die Gesamtansicht von der Straße zeigt die extrem schmale, hoch aufragende Kubatur. Der verglaste Eingangsbereich wirkt als Puffer und Schleuse.

Großzügigkeit durch interne Offenheit

Bei sehr kleiner Grundfläche kommt es vor allem darauf an, den Eindruck von Weite durch diagonale und vertikale Blickbeziehungen und spannungsvolle Niveauunterschiede zu erzeugen. Gerade viele kleine Raumstrukturen können, wenn sie einfallslos angeordnet und durch geschlossene Wände abgegrenzt sind, leicht hermetisch wirken. Im Niveau versetzte, gegenseitig einsehbare Kleinräume, die weitgehend ohne trennende Wände auskommen, wirken hingegen nicht wie Kammern, sondern wie Teile eines großen Raumkontinuums.

unten und rechte Seite Wohn-, Ess- und Schlafbereich sind klar definiert, gehen jedoch fließend ineinander über. Räumliche Offenheit, vielfältige Blickbeziehungen und partiell große Verglasungen sorgen für ein großzügiges Wohnempfinden.

Viele Durchblicke, perfekte Lichtregie

Die jeweils im Niveau zueinander versetzten Räume sind durch einen großen Raumzusammenhang offen miteinander verbunden, der durch die schlanke Stahltreppe hergestellt wird. Die Einzelräume sind jeweils visuell mit den anderen verbunden, aber zur Wahrung der Privatsphäre nur stellenweise nach außen geöffnet.

Die Wände sind nach außen teils hochgeschlossen, teils verglast. Trotz Wahrung der Intimität in dieser innerstädtischen, hoch verdichteten Situation hat man eine erstaunlich gute Belichtung erreicht. Dank der inneren Offenheit verteilt sich die Helligkeit im ganzen Haus und wird ebenso wie die Blickbeziehungen gleichzeitig genau nach Raumfunktion „dosiert". So ist etwa das Schlafzimmer von der Straße weg orientiert. Zur Straße hin wenden sich nur Zimmer mit weniger intimem Charakter wie der Essbereich oder das Entree, das gleichsam als Puffer zum öffentlichen Raum fungiert. Auf jeder Ebene befindet sich eine andere Funktion, die Ebenen zusammen wirken wie eine loftartige Halle.

WICHTIGE BAUDATEN

Bauaufgabe Neubau eines Wohnhauses für einen Single, ein Paar oder eine kleine Familie
Standort Tokio
Baufertigstellung 2011
Grundstücksgröße ca. 50 m²
Wohn- und Nutzfläche ca. 70 m²
Bruttorauminhalt (BRI) 151 m³
Bauweise Stahlkonstruktion
Gesamtkosten keine Angaben

Erdgeschoss

1. Obergeschoss

1 Garage
2 Eingang
3 Kochen
4 Arbeiten
5 Bad/WC
6 Wohnen
7 Sonnenterrasse
8 Japanischer Raum
9 Luftraum
10 Deck
11 Ankleide
12 Schlafen
13 Dachterrasse

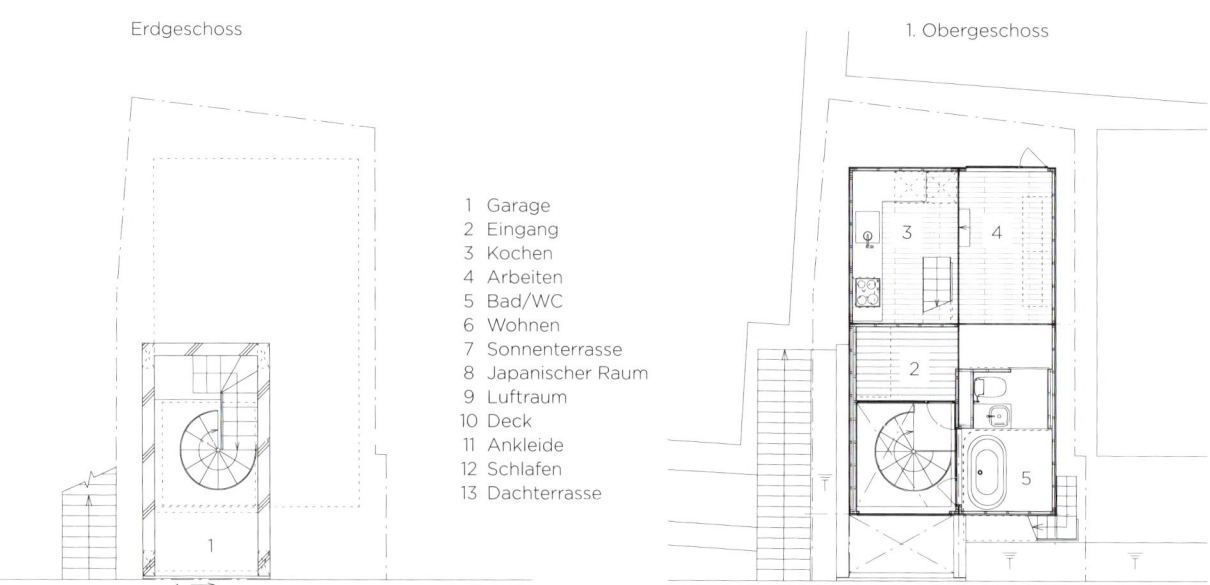

oben und linke Seite Der Wohnbereich zeigt sich am Tag und bei der Nacht zu den übrigen Räumen wie auch nach außen geöffnet.

unten Badezimmer mit Ausblick.

2. Obergeschoss

3. Obergeschoss mit Dachterrasse

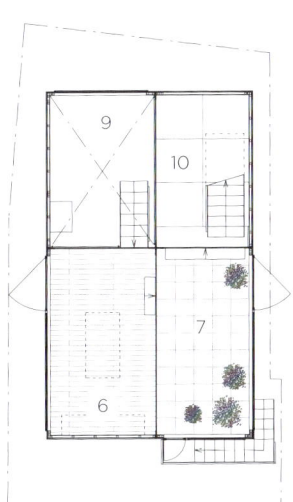
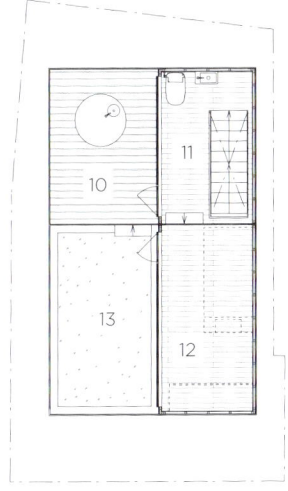

33 QUADRATMETER GETEILT DURCH ZWEI

Doppelhaus in der Stadt mit hocheffizienter Raumausnutzung

Niji Architects/Masafumi Harada und Maiko Taniguchi, Tokio

In der Tokioter Innenstadt, die mit die höchsten Grundstückspreise der Welt aufweist, sollte auf einem nur 33 Quadratmeter großen Grundstück ein Haus für zwei Parteien entstehen. Um beide Einheiten optimal zur Sonne orientieren zu können, schlugen Masafumi Harada und Maiko Taniguchi von Niji Architects ein Doppelhaus-Konzept vor, das beim Auftraggeber sofort Anklang fand.

Zwei Haushälften, identischer Grundriss

Das Minigrundstück wurde mit einer westlichen und einer östlichen Haushälfte bebaut, was aber beim ersten Hinsehen kaum erkennbar ist. Nur die zwei Eingänge an gegenüberliegenden Hausecken geben Aufschluss über den Doppelhaus-Charakter. Das Gebäude präsentiert sich nach außen als einheitliche Form, zur Straße hin ist es hochgeschlossen. Getrennt durch eine diagonal verlaufende Wand, sind die Grundrisse gespiegelt, also absolut identisch. Das vereinfachte nicht zuletzt auch die Bauabläufe.

oben Ansicht des minimalistischen Doppelhauses übereck. Links hinten einer der beiden Hauseingänge.

rechte Seite Die Giebelansicht von der Straße zeigt den zum öffentlichen Raum geschlossenen Charakter des Hauses. Rechts der Eingang der zweiten Haushälfte.

Räumliche Größe kreieren, Platz sparen

Der dynamisch wirkende, diagonale und geschwungene Verlauf der Haustrennwand und die offenen Raumbeziehungen mit bis zu 9 Meter hohen Decken schaffen zusammen mit der sehr guten indirekten Belichtung über Dachsheds sowie Glasbändern auf der West- beziehungsweise Ostseite den Eindruck räumlicher Größe. Und dies, obgleich die drei Geschosse je Haushälfte weniger als 15 Quadratmeter Wohnfläche besitzen. Zudem sind Nebenfunktionen wie Bäder und WCs in den schmalen Abschnitten der Wohnebenen untergebracht, um so die Aufenthaltsbereiche vergrößern zu können. Nicht zuletzt sparten die Spindeltreppen Fläche ein. Und über den Treppenraum verteilt sich das Licht im ganzen Haus. Eine Schlafgalerie, die über eine Leiter erreichbar ist, bildet den obersten Abschluss des Raumzusammenhangs.

Raumsparen in extremer Form – gewusst wie!

In mitteleuropäischen Breiten gelten bei manchem Planer bereits Grundstücke mit weniger als 400 Quadratmetern als schwer bebaubar. Was selbst mit einem Bruchteil davon möglich ist, zeigen geschickte Arch.itekten weltweit immer wieder. Wie bei diesem Minimal-Doppelhaus zu sehen, sind selbst Grundflächen pro Gebäude von unter 20 Quadratmetern möglich, wenn die Grundrisse, die Farbgestaltung und die Belichtung auf räumliche Wirkung hin optimiert werden. Besonders diagonal verlaufende oder organisch geformte Wände wirken dynamisch und weiten visuell den Raumzusammenhang auf

---

oben Ausblick vom Ess-/Kochgeschoss zu den Nachbarhäusern.

linke Seite links Über die Treppenräume verteilt sich das Licht in allen Geschossen. Hier die Eingangsebene mit Blick zum Badbereich.

linke Seite rechts Auf der obersten Ebene, unter dem steil geneigten Dach, ist noch eine Schlafgalerie untergebracht, die zusätzlichen Wohnraum schafft. Dachverglasungen sorgen für weiches Licht von oben.

Erdgeschoss

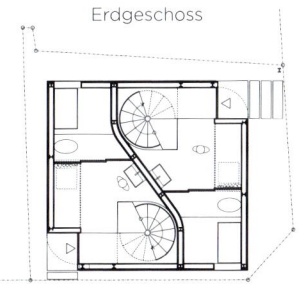

1. Obergeschoss

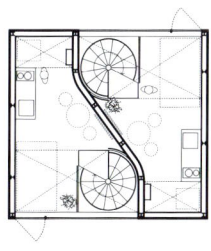

2. Obergeschoss

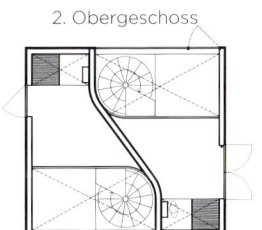

Dachaufsicht

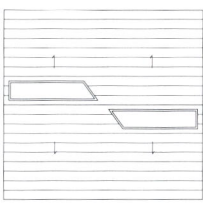

WICHTIGE BAUDATEN

Bauaufgabe Neubau eines Doppelhauses für Singles, Paare oder kleine Familien
Standort Tokio
Baufertigstellung 2014
Grundstücksgröße 33 m²
Wohnfläche gesamt (beide Haushälften) 73 m²
Bruttorauminhalt (BRI) 241 m³
Bauweise Stahlkonstruktion
Gesamtkosten ca. 243.000 Euro

KLEINE LOFT-VILLA IN WIEN

Offenes Wohnerleben in kompakter Hülle
SHARE architects, Wien

Mitten in der Stadt und doch naturnah, direkt an der Alten Donau in Wien, befindet sich eine kleine Loft-Villa. Verschiedene mit Holz belegte Terrassen dienen dem Aufenthalt. Die Außenbereiche sind als Abfolge unterschiedlicher Niveaus inszeniert. Eine holzbelegte, weiß lackierte Stahltreppe führt von der ersten Terrasse hinter dem großen Schiebetor hinunter zur 3 Meter tiefer gelegenen Hauptterrasse, wo sich seitlich auch der Hauseingang befindet. Der anschließende beleuchtbare Schwimmsteg bietet sich auch als Bootsliegeplatz an. Den Blickfang bildet ein großer, während der Baumaßnahmen geschonter Tulpenbaum, der mit seiner Krone raumbildend wirkt. Beidseitig wird der Außenraum durch Mauern aus weiß durchgefärbtem Beton gefasst und begrenzt.

Glänzender Monolith

Die Form des Hauses, das sich im Grunde nur zum Wasser hin öffnet, erinnert an einen grob gesägten weißen Steinblock. Durch die sich über Dächer wie Wände ziehende Aluminiumfassade und den Verzicht auf eine sichtbare Traufe wirkt der Baukörper skulptural und gewinnt eine hohe gestalterische Geschlossenheit. Über dem Wohnbereich doppelgeschossig offen, wird das Gebäude mit seinem unregelmäßig geneigten Dach zum See hin eingeschossig.

oben Der Eingangsbereich befindet sich auf Straßenniveau. Zum öffentlichen Raum zeigt sich das Gebäude ohne Fassadenöffnungen, um die Privatheit zu wahren.

rechte Seite Blick vom Wasser. Der Tulpenbaum, hier in voller Blüte, beschirmt das Haus.

Transparenz in Vollendung

Dass das Gebäude insgesamt eine Wohnfläche von nur 45 Quadratmetern aufweist, mag kaum glauben, wer die Wirkung der Innenräume erlebt hat. Über zwei Geschosse verglast, wendet sich das Haus komplett dem Wasser zu. Die Glasfassade lässt sich großflächig aufschieben, wodurch Innen und Außen zu einer Einheit zusammenwachsen. Im Erdgeschoss befinden sich der Wohn-, Ess- und Kochbereich, geschlafen wird auf einer offenen Galerie unter dem Dach. Eine Brüstung sorgt hierbei für die gewünschte Intimität, ohne den Raumzusammenhang und den weiten Ausblick auf die Donau zu beeinträchtigen.

Unter der Galerie ist die Küchenzeile platzsparend eingepasst, ebenso das Badezimmer. Im rückwärtigen Teil des Gebäudes, unter der Eingangsterrasse, befindet sich ein Abstellraum. Das allgegenwärtige Weiß von Decken, Böden und Wänden und die großzügige Belichtung sowie der durchgängige Bodenbelag tragen ihren Teil dazu bei, visuelle Großzügigkeit herzustellen.

Große Volumen, ideales Raumempfinden

Das beste Rezept für den Eindruck von Größe ist die Herstellung räumlicher Offenheit. Viel wichtiger als eine große Wohnfläche ist das wahrnehmbare Raumvolumen. Dies gelingt mittels großer Raumhöhen, vertikaler und horizontaler Durchgängigkeit ebenso wie durch die Inszenierung weiter, unverstellter Ausblicke. Am schönsten wirken Naturbezüge wie hier, sei es die Aussicht auf ein Gewässer, einen Wald oder eine Berglandschaft.

linke Seite Skulptural wirkender Einraum, in dem Wohnen, Essen, Kochen und Schlafen zusammengefasst sind. Die große, visuell sehr gut erfahrbare Raumhöhe schafft einen hallenartigen, offenen Eindruck, unterstützt durch die gläserne Galeriebrüstung. Durch Panoramaverglasungen einfallendes Licht und das allgegenwärtige Weiß der Oberflächen weiten den Innenraum zusätzlich optisch auf.

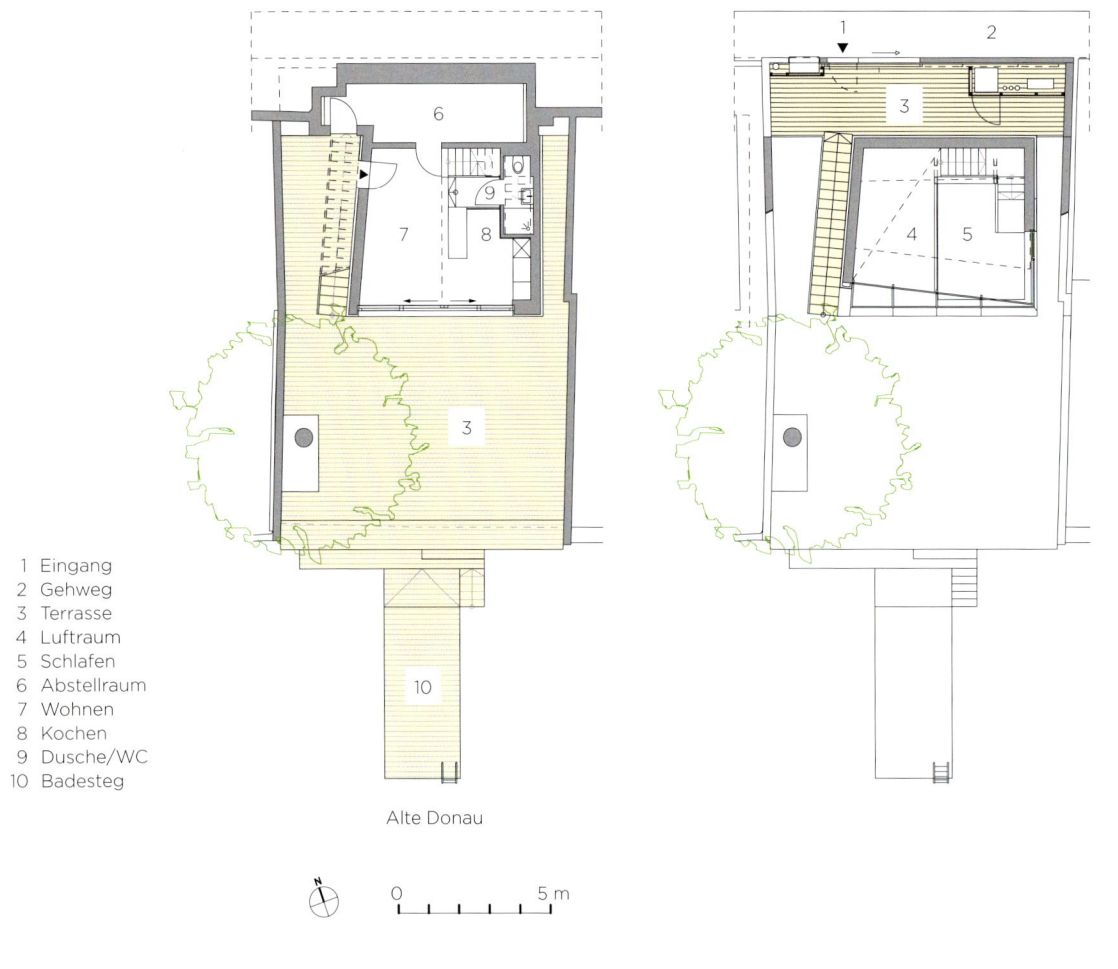

1 Eingang
2 Gehweg
3 Terrasse
4 Luftraum
5 Schlafen
6 Abstellraum
7 Wohnen
8 Kochen
9 Dusche/WC
10 Badesteg

Alte Donau

0   5 m

Erdgeschoss   Obergeschoss

WICHTIGE BAUDATEN

Bauaufgabe Neubau eines Wohnhauses für ein Paar
Standort Wien
Baufertigstellung 2014
Grundstücksgröße ca. 145 m²
Wohn- und Nutzfläche 45 m²
Bauweise massiv (Stahlbeton) mit vorgehängter Fassade aus Aluminiumtafeln
Gesamtkosten keine Angaben

rechte Seite Blick in die Küche und zur Treppe, die zur Schlafgalerie emporführt. Die höchst reduzierte, winkelartige Arbeitsplatte belässt dem Raum seine Durchgängigkeit.

INNEN UND AUSSEN

Atrium-Bungalow in konsequenter Vollendung

Atelier Tekuto, Tokio

Projektarchitekt: Yasuhiro Yamasita

Auf einer Grundfläche von deutlich unter 200 Quadratmetern sollte ein Haus für eine dreiköpfige Familie entstehen. Gewünscht war eine intime Wohnatmosphäre für ein harmonisches Zusammenleben. Und die Bauherren legten Wert auf eine außergewöhnliche Architektursprache. Dies verbanden die Architekten mit dem Ziel, Innen- und Außenraum auf kreative Weise zu verschmelzen.

Atriumhaus in außergewöhnlicher Ausprägung

Das Konzept klassischer Glasbungalows wie etwa von Philip Johnson oder Richard Neutra wird hier auf fruchtbare und spannende Weise umgekehrt. Statt nach außen öffnet sich das Gebäude konsequent nach innen. Über den Atriumhof mit seinen großen Fenstern gelangt viel Licht in die Räume. Daneben sorgen 16 rechteckige Dachfenster für optimale Helligkeit und Innen-Außen-Beziehungen. Mit Bedacht gesetzte Fugen, die den Baukörper auflockern, fügen Architektur und Umfeld zusammen. Gefäßpflanzen drinnen wie draußen fungieren ebenfalls als verbindende Elemente. Verschiedenheit und Ähnlichkeit zugleich symbolisiert ferner auch die Farbbehandlung der Wände innen und außen. Während die Fassade in traditioneller Weise aus angekohlter Rot-Zeder *(Yaki Sugi)* hergestellt ist, sind die Innenwände mit einer ebenfalls althergebrachten Beize *(Kaki-Shibu)* behandelt. Die farbige

oben Bauherrin mit Tochter und Freunden auf dem Flachdach. Bei geschlossenen Läden zeigt sich das Haus nach außen hermetisch, jedoch wird die Kubatur durch die natürliche Holzfassade und die gut gesetzten Fassadenausschnitte wirkungsvoll aufgelockert.

linke Seite Blick vom Dach in den Atriumhof und auf die Dachsheds, die die Innenräume mit belichten.

oben Raumsparend angeordneter Arbeitsplatz.

ganz oben Blick von der Küche zum Atrium.

ganz oben rechts Dieser Klappladen gibt geöffnet den Blick aufs Atrium frei und dient gleichzeitig als Esstisch. So spart man Mobiliar und Platz.

oben rechts Die großen Fenster zum Hof sind kommunikativ und gewährleisten eine gute Belichtung.

rechts Blick vom Atrium ins Haus.

linke Seite Blick vom Atriumhof in den Himmel.

Ähnlichkeit der Finishes fügt Innen und Außen trotz unterschiedlicher Methoden und Bestandteile zur Einheit. Und zuletzt findet sich der Bodenbelag, polierter Terrazzo, sowohl im Innen- als auch im Außenbereich.

Ein Innenhof als Dreh- und Angelpunkt

Der Bungalow ist so organisiert, dass sich die Räume um den Innenhof gruppieren – Wohnen, Essen und Kochen, Eltern- und Kinderzimmer, Bad und Büro. Der Hof ist, insbesondere bei warmer Witterung, Hauptaufenthaltsbereich der Familie und ihrer Freunde. Küche und Atrium sind durch ein großes Fenster und einen herausklappbaren Tisch, der dann das Atrium möbliert, verbunden. In geschlossenem Zustand fungiert der Tisch als Fensterladen!

Blicke ausblenden, Helligkeit hereinholen

Enge Platzverhältnisse und nahe Nachbarschaften, wie sie insbesondere im innerstädtischen Bereich vorliegen, erfordern kreative Ideen, um die Wahrung der Privatsphäre mit dem Wunsch nach optimaler Belichtung in Einklang zu bringen. So wie hier vorgemacht, lässt sich dieses Ziel durch Lichtbänder und Verglasungen im Überkopfbereich erreichen. Wichtig ist es dabei, die Öffnungen so zu platzieren, dass Einblicke weitgehend ausgeblendet sind, möglichst viele Räume mit belichtet werden, der Grundriss die optimale Verteilung des Lichts fördert (etwa durch offene Raumbeziehungen) und dass der sich verändernde Sonnenstand berücksichtigt wird.

---

unten Eine raumsparend schmale Treppe ohne Setzstufen führt zum Dachbereich.

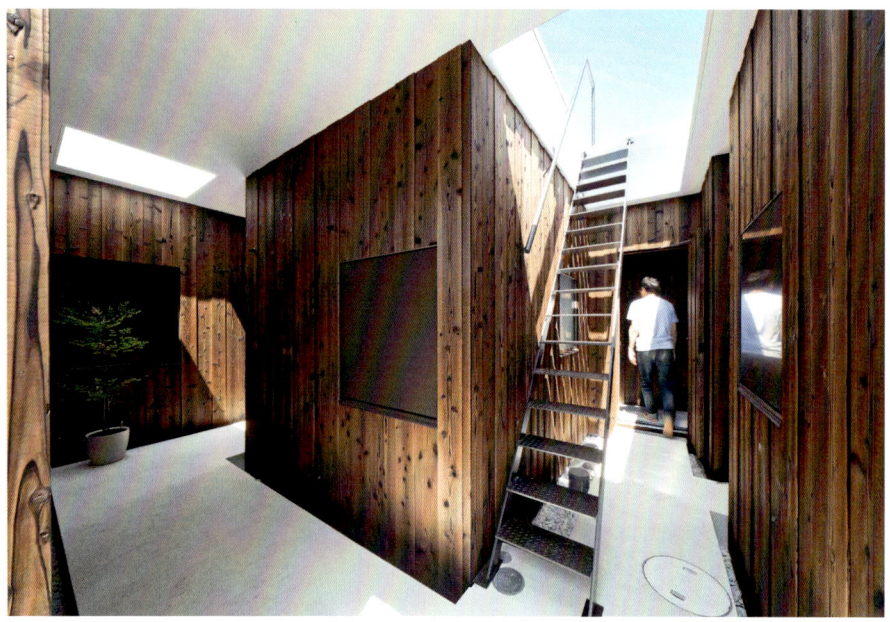

Dachaufsicht

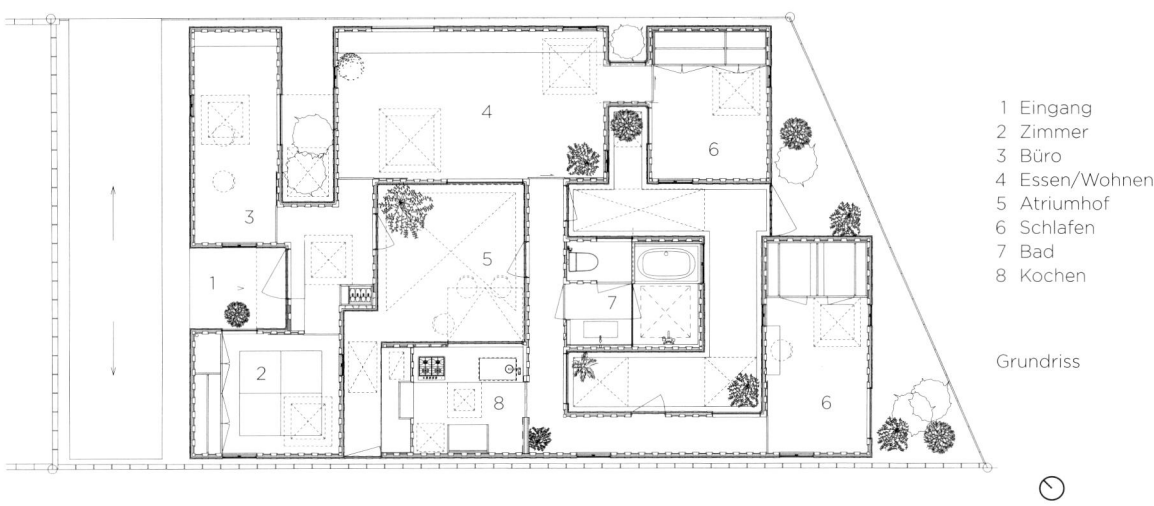

1 Eingang
2 Zimmer
3 Büro
4 Essen/Wohnen
5 Atriumhof
6 Schlafen
7 Bad
8 Kochen

Grundriss

WICHTIGE BAUDATEN

Bauaufgabe Neubau eines Wohnhauses für eine Familie mit einem Kind
Standort Präfektur Chiba (Japan)
Baufertigstellung 2012
Grundstücksgröße 178 m²
Wohn- und Nutzfläche 99 m²
Bauweise Holzbau
Gesamtkosten brutto 216.000 Euro

WOHNSKULPTUR MIT VIER EBENEN

Kompaktes Stadthaus auf Minigrundstück

Atelier Tekuto, Tokio
Projektarchitekten: Yasuhiro Yamasita, Kenji Mizukami, Atsushi Tomoyose

Auch Wohnflächen von um die 100 Quadratmeter können auf Miniparzellen verwirklicht werden – mit einem ausgefeilten gestalterischen Konzept. Bei diesem Stadthaus in Tokio standen noch nicht einmal 67 Quadratmeter zur Verfügung, um darauf ein Wohnhaus mit 98 Quadratmetern zu errichten. Die Architekten vom Tokioter Atelier Tekuto zeichneten den Bauherren, einem architekturbegeisterten Ehepaar, ungeachtet der beengten Verhältnisse, ihr Traumhaus auf den Leib.

Nachhaltige Wohnskulptur

Der Baukörper streckt sich – einer sich emporwindenden Helix gleichend – auf vier Geschossen dem Himmel entgegen. Es ergibt sich der Eindruck einer riesigen modernen Skulptur. Die vertikale Ausrichtung ist dabei einerseits der geringen Grundstücksgröße geschuldet, andererseits entspricht dies aber auch der bei diesem Projekt verfolgten Zielsetzung der Architekten, so wenig Fläche wie möglich zu verbrauchen und insofern nachhaltig zu bauen. Mit seiner Höhe von insgesamt 9 Metern hebt sich das Gebäude aus dem hoch verdichteten städtischen Umfeld heraus und sucht so bewusst den Bezug zum Himmel, somit zur Natur.

oben Fassadendetail des Hauses mit Sichtbetonoberfläche und dynamisch-futuristisch wirkenden Verglasungen. Die Beimischung des vulkanischen Materials Shirasu verleiht dem erdbebensicheren Bau zusätzliche positive Eigenschaften.

rechte Seite Die Eingangsseite des Hauses mit „abgeschnittener" Ecke. Das erhöhte Erdgeschossniveau schuf Platz für das Untergeschoss.

oben Schlafzimmer im zweiten Obergeschoss.

oben rechts Die Treppe ist sehr raumsparend ausgeführt und eingebaut, die Konstruktion ohne Setzstufen und das höchst filigrane Geländer unterstützen das durchgängige, großzügige Raumgefühl. Links der Essplatz.

Betonbau mit besonderen Qualitäten

Die Tragkonstruktion erfüllt nicht nur die Voraussetzungen für Erdbebensicherheit, sondern der verwendete Beton zeichnet sich auch durch seine komplette Recycelbarkeit und eine besondere Herstellungsweise aus. Durch die Beimischung von *Shirasu*, einem im südlichen Japan abgebautem vulkanischen Material, anstelle von Sand erhält der Beton eine besondere Festigkeit, hohe Dichte und Langlebigkeit. Ferner verleiht der *Shirasu* dem Beton eine so ansonsten nicht vorhandene Diffusionsoffenheit.
Ausdrücklicher Wunsch der Bauherren waren betonsichtige Oberflächen innen wie außen, die das Erscheinungsbild prägen. Die dem Beton eigene Lebendigkeit und Rauheit wirkt erstaunlich gut mit der teils modernen, teils traditionellen Ausstattung des Hauses zusammen – auch in dem mit Tatami-Matten ausgelegten Japanischen Zimmer im Erdgeschoss, das für die Einkehr und die Teezeremonie bestimmt ist.

Perfekte Wohnstimmung und Zonierung auf vier Ebenen

Um insbesondere den Innenräumen gestalterische Spannung zu verleihen, wurde eine Ecke des Hauses „abgeschnitten", was den Raumeindruck neu definiert. Die dadurch entstandenen diagonalen Raumzuschnitte wirken dynamisch und verstärken zusammen mit der erlebbaren Gebäudehöhe den Eindruck von Größe. Ein Übriges tut die taghelle Belichtung durch Dachverglasungen und Fensterbänder.
Das Eingangsgeschoss umfasst außer dem Japanischen Zimmer eine große Galerie, die den Übergang zum Treppenraum bildet. Darunter befindet sich der schallgedämmte Audioraum. Im ersten Obergeschoss sind das Wohnen, Essen und Kochen einraumartig zusammengefasst, die einzigen abgetrennten Bereiche sind Bad und WC. Ein zweigeschossiger Luftraum mit Ausblick zum Himmel leitet über zur Schlafgalerie unterm Dach.

oben Taghelle Belichtung und dynamische Lineaturen im Wohn-, Ess- und Kochgeschoss.

rechts Das Japanische Zimmer ist visuell Teil des Raumzusammenhangs und trägt somit zur Wirkung von Offenheit und Weite bei. Links der Eingangsbereich.

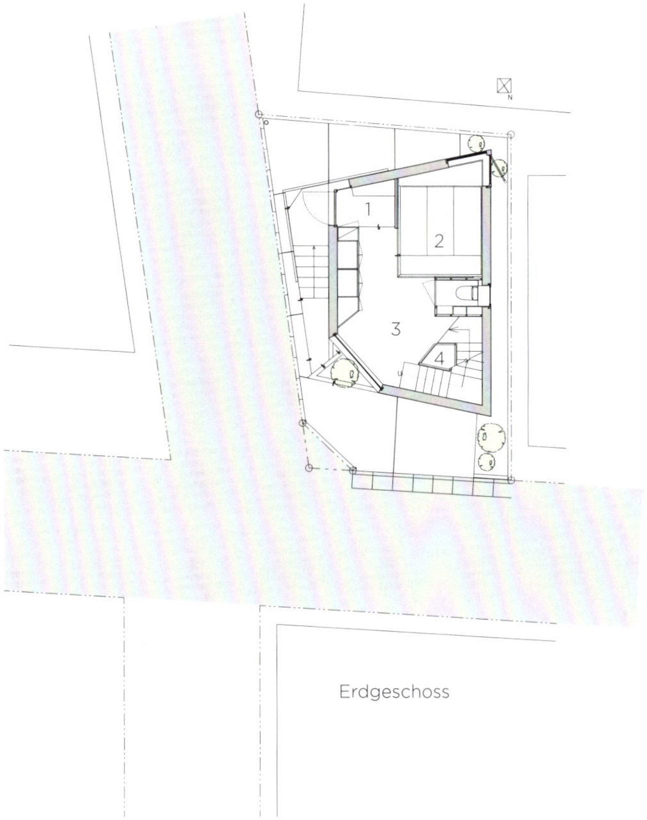

1 Eingang
2 Japanisches Zimmer
3 Galerie
4 Luftraum
5 Audioraum
6 Wohnen
7 Kochen
8 Essen
9 Bad
10 Zimmer

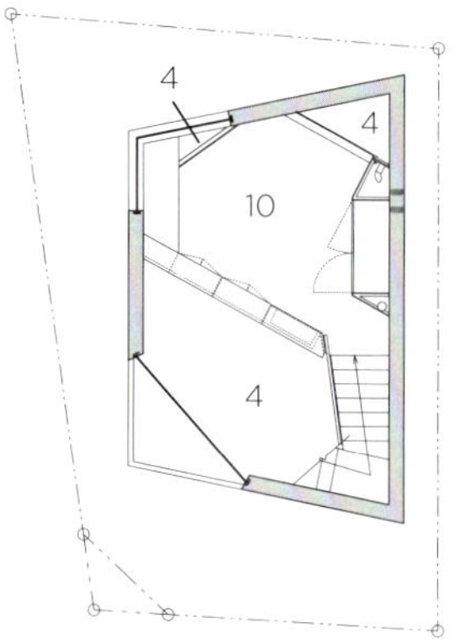

Erdgeschoss

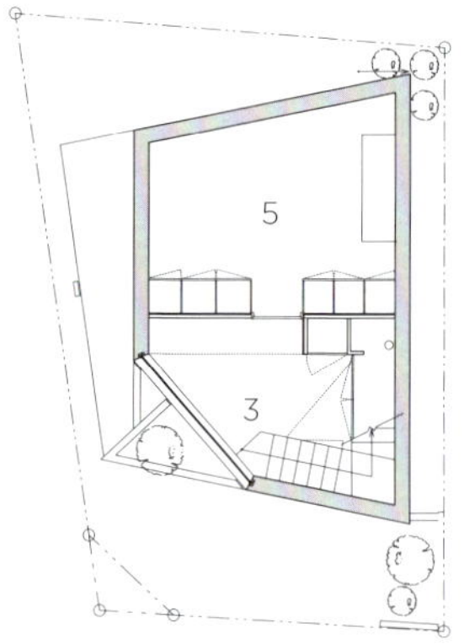

Untergeschoss

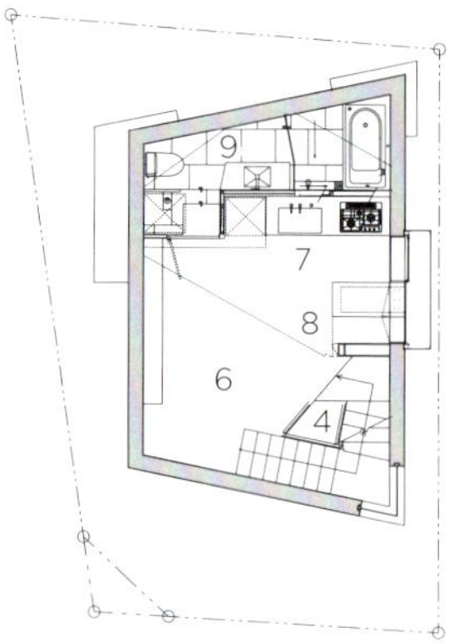

1. Obergeschoss

2. Obergeschoss

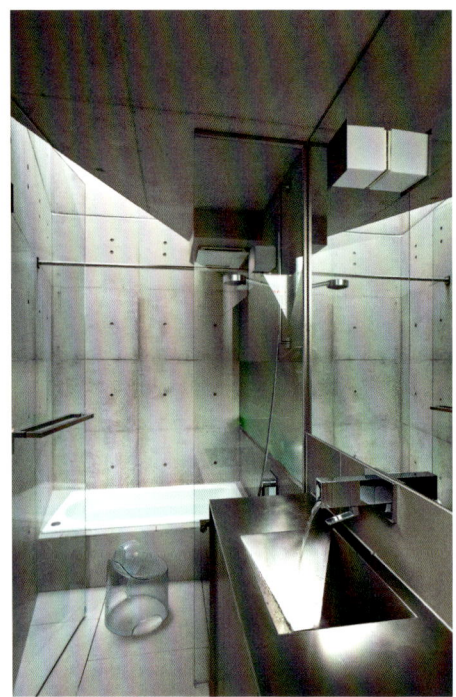

links Das Badezimmer im ersten Obergeschoss.

rechte Seite oben Blick in das Eingangsgeschoss mit dem Japanischen Zimmer.

rechte Seite unten Das zur Ausnutzung des Platzes unterbaute Podestmöbel dient bei der Teezeremonie als Tisch.

WICHTIGE BAUDATEN

Bauaufgabe Neubau eines Wohnhauses für ein Ehepaar
Standort Tokio
Baufertigstellung 2015
Grundstücksgröße 67 m²
Wohnfläche 98 m²
Bauweise massiv (erdbebensichere Betonkonstruktion)
Energiesystem kontrollierte Lüftungsanlage mit Wärmerückgewinnung
Gesamtkosten brutto ca. 500.000 Euro

Turmartig bauen, Privatsphäre schaffen

Kompakte Gebäude mit drei oder mehr Geschossen: Auch bei großer räumlicher Offenheit lassen sich Rückzugsmöglichkeiten schaffen, die von den gemeinsamen Bereichen abgetrennt sind. Diese können wie hier der Meditation, Kontemplation oder dem Musikgenuss, ebenso aber dem Musizieren oder der bildenden Kunst gewidmet sein. Eigene Lebensbereiche sind gerade bei kleiner Wohnfläche entscheidend, damit jeder Bewohner seine individuellen Interessen adäquat verwirklichen kann.

EIN SCHWIMMENDES HAUS GANZ VON HEUTE

Elliptischer Bungalow auf dem Wasser

Architekt Daniel Wickersheim, Hamburg

Hamburg gehört zu denjenigen Kommunen, die sowohl viele für Liegeplätze geeignete Wasserwege besitzen als auch das Wohnen auf dem Wasser planmäßig fördern. So wurden an verschiedenen Stellen, darunter auch am Norderkai im Stadtteil Hammerbrook, insgesamt etwa 20 Liegeplätze ausgewiesen. Die planenden Architekten mussten sich vorher in einem Wettbewerbsverfahren qualifizieren. Das Bootshaus von Daniel Wickersheim, im Jahr 2015 fertiggestellt, zeichnet sich dabei durch seine futuristische Form und seine besondere Gestaltqualität aus.

Ein „schwimmendes Haus" mit Keller

Beim neuen Heim von Daniel Wickersheim, dessen Bautypus auch als *floating home* bezeichnet wird, dient der Beton-Ponton einerseits als Schwimmkörper, andererseits aber auch als Keller, wo Heizungstechnik und Lager Platz gefunden haben. Das vergrößert den Wohnwert des Hauses beträchtlich, gewinnt man dadurch doch im Wohnbereich wertvolle nutzbare Fläche beziehungsweise Freiraum hinzu, der sonst von Technik und Stauraum belegt wäre.

oben Ansicht von Westen: Das Gästezimmer mit vorgelagerter Terrasse.

linke Seite Ansicht von Süden. Die Gauben schneiden in den runden Baukörper und gliedern ihn. Jeder Fensteröffnung ist eine (Wohn-)Funktion zugeordnet.

Organische Form, große Glasflächen

Die auffallende Form des Hauses erinnert an Fischkörper, utopische Unterseeboote à la Kapitän Nemo oder an Flugzeugrümpfe. Zu diesem Eindruck tragen nicht nur die elliptische Grundform, sondern auch die mit Zinkstahlblech verkleidete Außenhaut wesentlich bei. Zum Eingang und zum Kai hin eher geschlossen, sind zum Wasser hin zahlreiche stehende Fensteröffnungen eingefügt, die den „Wasser-Bungalow" taghell belichten und bei abendlicher Beleuchtung spannende Effekte erzeugen. Beide Rumpfenden sind komplett verglast, die dahinter angeordneten Schlafräume werden durch holzgedeckte Terrassen erweitert. Von den Decks, aber auch einfach bei geöffneten Fenstern springen der Bauherr und seine Freunde im Sommer gern direkt ins Wasser. Oder sie lassen eines der am Eingang liegenden Kajaks zu Wasser.

Barrierefrei und durchgängig

Würde man beim ersten Blick von der organischen Form vielleicht eher auf Beengtheit im Innenraum schließen, so ist man beim Aufenthalt im Haus überrascht von dessen Großzügigkeit. Die zentrale Sichtachse schafft zusammen mit den großen Fenstern zum Wasser visuelle Weite und angenehme Deckenhöhen. Zahlreiche sinnvolle Einbauschränke, die den „Schiffskörper" segmentartig untergliedern, nehmen Küchenutensilien, Kleidung und Gegenstände aller Art auf und entziehen sie somit dem Blick. Fast alle Trennwände sind als Einbaulösungen ausgeführt. Der offene Raumeindruck lässt den Innenraum deutlich größer erscheinen, Wohnen, Kochen und Essen gehen fast nahtlos ineinander über. Daneben gibt es den Schlaf- und Badbereich des Hausherrn und das Gäste-

oben Gästezimmer mit Doppelbett und eigener Terrasse, mit Blick aufs Wasser

linke Seite Der Wohn-, Koch- und Essbereich ist als Einraum ausgebildet, der durch Einbauschränke untergliedert ist.

zimmer auf der entgegengesetzten Seite. Mit eigenem Bad ausgestattet, wird das Gästezimmer auch vermietet (Buchungsadresse im Anhang).

Zeitgemäß natürlich leben

In diesem schwimmenden Haus wird wird keineswegs spartanisch und zugig gewohnt wie in seinen historischen Vorgängern. Auch haustechnisch ist es ganz auf der Höhe der Zeit: Ein wasserführender Pelletofen beim Essplatz erzeugt Wärme, die hoch effiziente Dämmung und die kontrollierte Lüftungsanlage mit Wärmerückgewinnung sorgen für angenehme Wohnatmosphäre bei geringen Energiekosten – ein modernes Traumhaus auf dem Wasser.

Schwimmende Häuser mit Beton-Ponton

Im Unterschied zu Hausbooten mit schiffsartigen Rümpfen haben die meisten modernen Bootshäuser Pontons, also Schwimmkörper, aus Stahl oder Beton. Letztere, auch bei diesem Projekt zum Einsatz gekommene Variante kann funktionale Vorteile bieten: Der Beton-Ponton wurde hier von der Prüfstelle ohne zeitliche Begrenzung zertifiziert. Das erspart hohe Kosten für die Wartung, die bei Stahl-Pontons meist alle zehn bzw. fünf Jahre fällig ist, sowie damit teils einhergehende Demontagearbeiten, um unter Brücken hindurch zum Dock gelangen zu können.

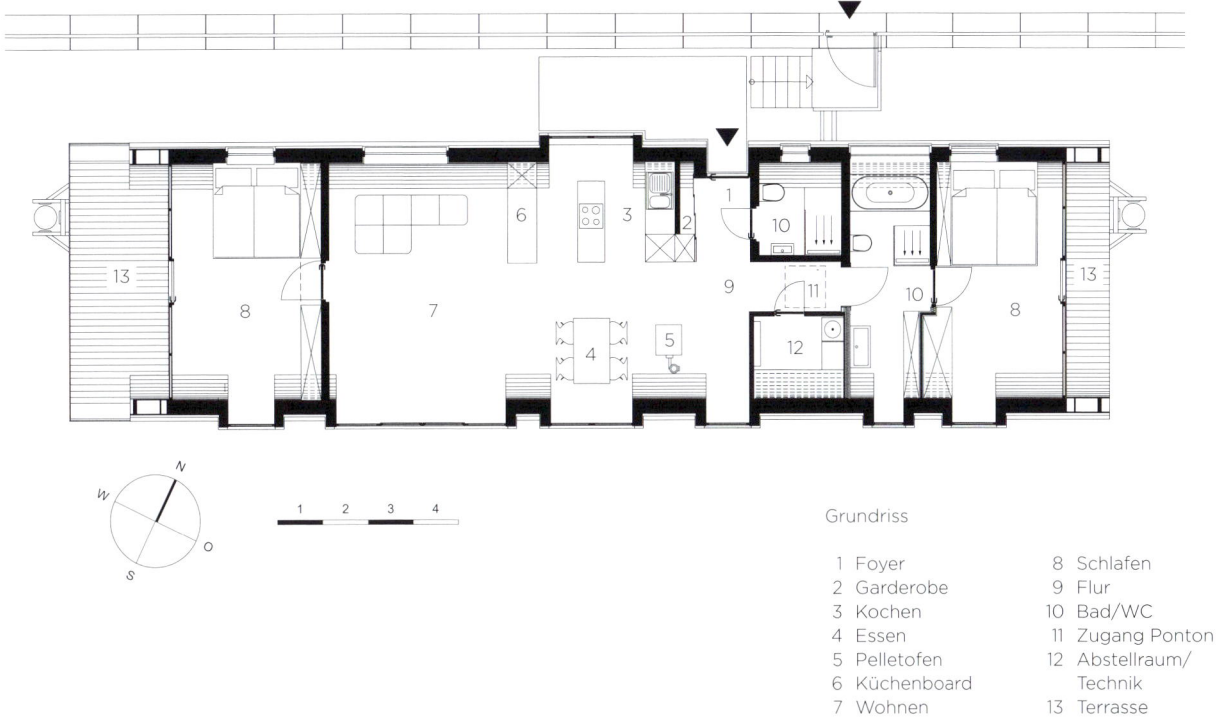

Grundriss

1 Foyer
2 Garderobe
3 Kochen
4 Essen
5 Pelletofen
6 Küchenboard
7 Wohnen
8 Schlafen
9 Flur
10 Bad/WC
11 Zugang Ponton
12 Abstellraum/ Technik
13 Terrasse

WICHTIGE BAUDATEN

Bauaufgabe Schwimmendes Haus mit Beton-Ponton zum Wohnen für ein Paar oder eine kleine Familie
Standort Hamburg
Baufertigstellung 2015
Wohnfläche 99 m²
Bruttorauminhalt (BRI)
ca. 300 m³ (nur Holzbau/Wohngeschoss)
Bauweise Holzbauweise auf Stahlbeton-Ponton
Energiekonzept Wasserführender Pelletofen, kontrollierte Wohnraumlüftung mit Wärmerückgewinnung
Heizwärmebedarf/Jahr 24 kWh/m²a
Gesamtkosten brutto ca. 570.000 Euro (ohne Erschließung)

rechts Blick in die Duschbereich des Gästebads, der die runde Form deutlich zeigt.

linke Seite oben Im Gästezimmer. Ungeachtet der runden Form hat man die Wände zwischen den verschiedenen Nutzungsbereichen für den Einbau von Mobiliar genutzt, das vom Architekten gezeichnet und selbstverständlich sonderangefertigt worden ist.

linke Seite unten Hauptbad mit Blick auf den Kanal.

MOBILES WOHNEN ZU WASSER

Ein Katamaran-„Bootshaus" mit allem Komfort
Zappe Architekten, Berlin

Das Wohnen in einem Bootshaus gehört sicherlich zu den Traumvorstellungen vieler Menschen. Hat man dies einmal etwa in den Ferien in Amsterdam oder anderen „Wasserstädten" ausprobiert, möchte mancher vielleicht diese kleinen Fluchten auch im täglichen Leben nicht mehr missen und verzichtet für diesen besonderen Wohn-Mehrwert auch auf einige Quadratmeter.

Das fahrbereite Haus

Regionen mit vielen schiffbaren Gewässern wie der Berliner Raum sind prädestiniert für Hausboote, mit denen man je nach Lust und Laune auch Ortswechsel vornehmen kann. Das Berliner Büro Zappe Architekten hat genau für diesen Zweck einen Bootshaustypus entworfen, der selbstständig fahren kann wie ein Schiff, aber hinsichtlich Wohnfläche und Komfort eher ein kleines Haus ist. Die Basis bildet statt einer Ponton-Konstruktion das Katamaran-Prinzip: In zwei Rümpfen ist die gesamte Haustechnik untergebracht – Frisch- und Abwassertank, zwei Dieselmotoren mit Seitenstrahlruder, eine Lichtmaschine und Batterien für den Strom, wenn der Motor nicht läuft. Diese Unterbringung sorgt dafür, dass über der Wasserlinie viel Platz fürs Wohnen bleibt.

oben und linke Seite Dieses Haus hat den Vorteil für sich, dass es von einem Ort zum nächsten gefahren und auch mitten auf einem Gewässer „geparkt" werden kann.

Wohnkomfort statt Beengtheit

Nur das Steuerruder im Bugbereich erinnert an traditionelle Schiffe, ansonsten gibt es anstelle kleiner Kajüten einen weiträumigen Wohn-, Ess- und Kochbereich, dessen große Glasfronten sich zum Deck hin aufschieben lassen, ein Badezimmer und Schlafräume für vier Personen. Im Grunde kann hier also, wenn alle seetüchtig sind, auf einer Wohnfläche von 35 Quadratmetern sogar eine Familie mit zwei Kindern wohnen – sei es dauerhaft oder auf Zeit. Die 10 Quadratmeter große Terrasse auf dem Vordeck sowie ein fast 40 Quadratmeter messendes Sonnendeck auf dem Dach bieten zudem Freibereiche so groß wie manches Reihenhaus! Dabei wirkt die Ausführung der Aufbauten in gut gedämmter Holzkonstruktion ausgesprochen edel und hochwertig. Zum Schutz des Holzes wurden Lacke aus dem Schiffbau eingesetzt. Alle Wände sind zeitgemäß gedämmt und mit Wärmeschutzverglasungen versehen. Geheizt wird bei abgeschaltetem Motor mit Strom.

rechte Seite oben links und rechts
Gleich beim Esstisch befindet sich das Steuerruder. Die holzgedeckte Terrasse erweitert den Wohnraum.

rechte Seite Mitte links und rechts
Wohnen, Essen und Kochen als Einraum zusammengefasst.

rechte Seite unten Blick vom Schlafbereich zum Essplatz. Rechts die Eingangstür mit „Bullauge".

Freiheit mit Hindernissen: Ein Bootshaus genehmigen lassen und zeitgemäß ausstatten

Vor das Wohnvergnügen hat der Gesetzgeber Regelungen für die Genehmigung und den Betrieb von Hausbooten gesetzt. Zunächst muss ein amtlich ausgewiesener Liegeplatz vorhanden sein, dessen Miete sich je nach Lage und Größe bemisst. Vergeben werden diese, soweit an öffentlichen Gewässern gelegen, durch Wasserwirtschafts- bzw. Schifffahrtsämter und/oder kommunale Baubehörden, andernfalls auch durch private Eigentümer. Bei Konstruktionen mit Stahlrumpf ist ein regelmäßiges Schwimmfähigkeitszeugnis des TÜV notwendig, bei Ponton-Konstruktionen erfolgt in regelmäßigen Abständen (aktuell zehn Jahre) eine technische Überprüfung. Wird das Hausboot gefahren, muss ein entsprechender Bootsführernachweis vorhanden sein. Ansprechpartner sind zunächst die zuständigen Baugenehmigungsbehörden, wobei noch weitere Stellen wie Wasserwirtschafts- und Naturschutzämter einbezogen werden müssen. Ferner gehört auch zeitgemäßer Komfort an Bord, vor allem Strom-, Wasser- und Abwasserleitungen bzw. -versorgung, was meist ebenfalls genehmigungspflichtig ist und höhere Investitionen nach sich ziehen kann.

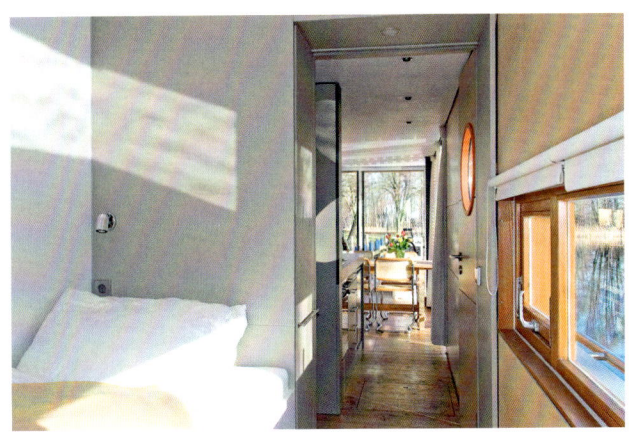

WICHTIGE BAUDATEN

Bauaufgabe Neubau eines Bootshauses für einen Single oder eine kleine Familie
Standort Region Berlin/beliebig
Baufertigstellung 2006
Wohnfläche 35 m² zuzüglich 10 m² Terrasse und 38 m² Sonnendeck
Bruttorauminhalt (BRI) 87 m³
Bauweise Mischbauweise (Stahlrumpf und Holzkonstruktion)
Gesamtkosten brutto ca. 140.000 Euro

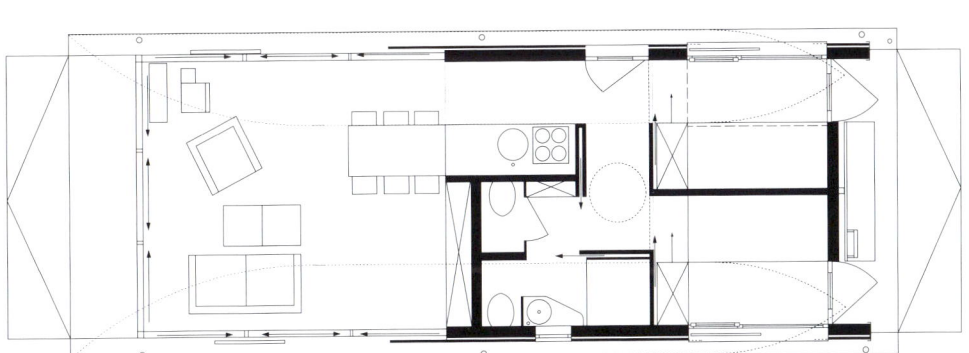

Grundriss

IDYLL AM SEE

Kleinhaus zum Naturerleben

Zappe Architekten, Berlin

Mit dem Erwerb einer See-Anrainer-Parzelle bei Rheinsberg erfüllten sich die aus Berlin stammenden Bauherren einen lang gehegten Traum. Das Grundstück mit einem baufälligen Häuschen und einer ebensolchen Datsche besaß mit Abmessungen von 200 × 16 Metern zwar einen extrem schlauchartigen Zuschnitt, aber auch direkten Seezugang. Dies gab, nachdem die Bebaubarkeit abgeklärt war, den Ausschlag zum Kauf. Die in Wassernähe auf einer Anhöhe bestehende windschiefe Datsche war nicht mehr zu gebrauchen, aber an ihrer Stelle durfte ein Neubau zum Wohnen errichtet werden.

Natürliche Materialien für ein naturnahes Umfeld

Das Berliner Büro Zappe Architekten, das bereits mehrere Häuser in Wassernähe geplant hatte, entwickelte gleich überzeugende Ideen. Da der Bauplatz mit seiner erhöhten Lage weit außerhalb des Hochwasserbereichs lag, brauchte es in diesem Fall kein Stelzenbau werden. Aber das Erscheinungsbild des Baukörpers, der ein Satteldach ohne Überstand bekam, nahm sich trotz zeitgemäßer Formensprache die Natur zum Vorbild. So entschied man sich für gut gedämmte Holzbauweise mit Lärchen-

oben Die Ansicht des Hauses vom Ufer aus macht die erhöhte Lage deutlich.

oben Blick auf das Haus und das Wasser. Die gelungene Form ohne Dachüberstände sowie die natürlichen Farben und Oberflächenqualitäten von Ziegel, Holz und Schiefer verleihen dem kleinen Haus einen hochwertigen Charakter.

holzfassade und Giebelwände aus sogenanntem Fruchtschiefer, der im ostdeutschen Vogtland abgebaut wird. Die lebhafte, teils durch Eisenoxid-Einschlüsse geprägte Farbigkeit dieses Konglomerat-Gesteins trägt stark zur hochwertigen Anmutung des Hauses bei.

Eins mit der Landschaft

Der Bezug zur angrenzenden, bewusst natürlich gehaltenen Blumenwiese und zum Wasser wurde durch die großflächige Verglasung der Seeseite wirkungsvoll verstärkt. So verschwimmen die Grenzen und man fühlt sich im Haus wie mitten in der Natur. Besonders effektvoll inszeniert wurde dies in Gestalt der Wanne im Bad, von der aus man dank einer Glasecke einen absolut freien Ausblick genießt.

Einraum mit Charakter

Um die Innen-Außen-Bezüge nicht zu stören und um dem kleinen Innenraum visuelle Größe zu verleihen, sind auf der Hauptebene Wohnen, Essen und die Küche als Dreh- und Angelpunkt vereinigt. Nur Schlafbereich und Bad sind durch eine Schiebeeinheit abgetrennt. Zusätzliche Atmosphäre und Wärme schenkt ein Scheitholzkamin. Auf einer Galerie befindet sich ein zeltartig behüteter zweiter Schlafplatz unter dem Dach. Ansonsten gewinnt das Gebäude auch dadurch, dass der Dachspitz weitgehend offen gehalten ist. Dies weitet zusammen mit dem weißen Anstrich das „gefühlte Volumen" noch zusätzlich auf.

oben und linke Seite Durch die praktisch durchgehende Verglasung der Seeseite ist vom Wohnraum aus das Wasser immer im Blick. Der offen gehaltene Dachspitzbereich macht das ganze Volumen erfahrbar. Ein Holzscheitkamin sorgt für angenehme Stimmung auch an kälteren Tagen.

Bauen in naturnaher Lage

Für das Bauen in landschaftlich wertvollen Gebieten gibt es oft weitgehende Beschränkungen. Dies gilt schon für Außenbereiche von Gemeinden, in noch stärkerem Maße jedoch für ausgewiesene Landschaftsschutzgebiete. Bauen in Ufernähe etwa ist, wie in diesem Fall, meist nur dann zulässig, wenn dort ein Vorgängerbau vorhanden ist. Dann gilt sogenannter Bestandschutz, das heißt, dass in der Regel ein Ersatzbau in gleicher Größe erlaubt wird. Vor dem Erwerb solcher Grundstücke sollte man, am besten mit einem Architekten, bei der zuständigen Genehmigungsbehörde immer verbindliche Erkundigungen über die Bebaubarkeit einholen.

oben Blick in den Schlafbereich.

rechte Seite Küchenbereich
mit Fensterband auf der Eingangsseite.

unten Sagenhafter Seeblick
beim Baden.

WICHTIGE BAUDATEN

Bauaufgabe Neubau eines Ferienhauses für eine Familie
Standort bei Rheinsberg/Region Berlin
Baufertigstellung 2008
Grundstücksgröße ca. 3.200 m²
Wohnfläche 60 m²
Bruttorauminhalt (BRI) 160 m³
Bauweise Mischbauweise (Holzständerbau und Natursteinmauerwerk)
Heizsystem Scheitholzkamin
Gesamtkosten brutto 131.850 Euro

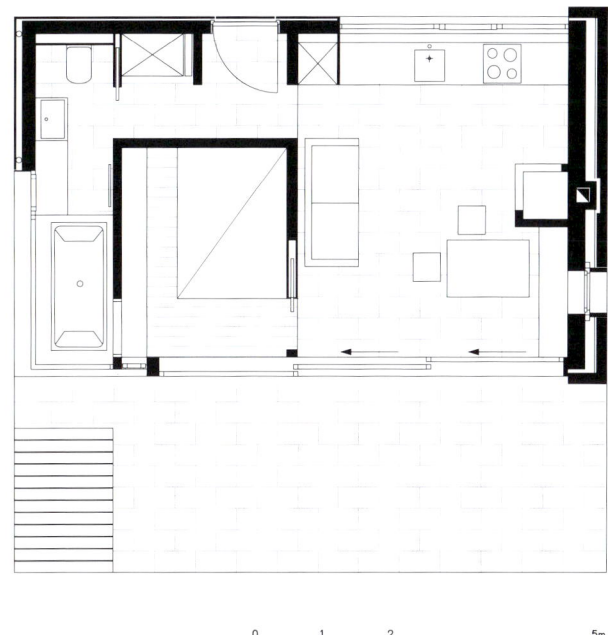

Grundriss

ADRESSEN

Verzeichnis der Architekten und Planer

011 Architekturbüro
Matthias Lange freier Architekt
Andreas-Hofer-Straße 38 a
79111 Freiburg
Tel. 07 61-897 81 18
www.nullelf.eu

ÁBATON Arquitectura
Calle Ciudad Real 28
28223 Pozuelo de Alarcón/Madrid
Spanien
Tel. +34(0)91-352 16 16
www.abaton.es

Anonymous Architects
Simon Storey
1416 Fairbanks Pl
Los Angeles, CA 90026
USA
+1 323-244-98 07
www.anonymousarchitects.com

ASGK Design, s.r.o.
Františka Kříška 1
170 00 Praha 7
Tschechien
Tel. +420-7 25 81 37 52
www.asgk.cz

BATAVIA
Calle Mejía Lequerica 2
28004 Madrid
Spanien
Tel. +34(0)91-5 94 22 33
www.batavia.es

Bembé Dellinger Architekten
und Stadtplaner GmbH
Felix Bembé Sebastian Dellinger
Prof. Anne Beer Architekten BDA
Im Schloss
86926 Greifenberg
Tel. 08192-99 73 00
www.bembe-dellinger.de

Architekten Maria Victoria Besonias
und Luciano Kruk:
Besonias Almeida
Buenos Aires
Argentinien
Tel. +54(0)11-44 89 54 24
www.besoniasalmeida.com

Luciano Kruk
Avenida del Libertador 4954
6th 11 CP
1426 Buenos Aires
Argentinien
www.lucianokruk.com

BOIGER architekturbüro
Christian Boiger
Münchner Straße 52
83607 Holzkirchen
Tel. 080 24-74 61
www.boiger.info

Matthias Bruder Freier Architekt
Burgunderweg 38
72070 Tübingen
Tel. 070 73-91 97 64
www.architekt-bruder.de

Delugan Meissl Associated
Architects
Mittersteig 13/4
1040 Wien
Österreich
Tel. +43-(0)1-5 85 36 90
www.dmaa.at

Flatz Architects
Martin Flatz
Schottenfeldgasse 72/2/10
1070 Wien
Österreich
Tel. +43 (0)650 711 10 01
www.flatzarchitects.com

FRAM arquitectos
Franco Riccheri und
Agustin Mendiondo
Buenos Aires
Argentinien
Tel. +54-11-34 25 37 26 oder
+54-11-65 82 16 10
www.framarquitectos.com

hicker architekten
Kolpingstraße 12
86316 Friedberg
Tel. 0821-60 12 24
www.hicker-architekten.de

Jackson Clements Burrows
Architects
One Harwood Place
Melbourne, Vic. 3000
Australien
Tel. +61-3-96 54 62 27
www.jcba.com.au

David Jameson Architect
4435 Wisconsin Ave NW, Suite 410
Washington, DC 20016
USA
Tel. +1-202-3 63 00 80
www.davidjamesonarchitect.com

Architekt Theis Janssen BDA
Eduard-Grunow-Straße 8
28203 Bremen
Tel. 0421-2 22 72 50
www.theisjanssen.de

Miurashin Architect+Associates
3-10-13-2F Higashi-Nihonbashi
Chuo-ku Tokyo
Postcode 103-0004
Japan
Tel. +81(0)3-56 95 77 55
www.miurashin.com

Niji Architects
Masafumi Harada und
Maiko Taniguchi
Jiyugaoka 1-3-31-2C, Meguro-ku
Tokyo 152-0035
Japan
Tel. +81-(0) 3-64 21 14 60
www.niji-architects.com

Noichl & Blüml Architekten BDA
Am Dummelsmoos 41
87561 Oberstdorf
Tel. 08322-96 66 20
www.noichl-blueml.de

SHARE architects
Schottenfeldgasse 72/2/7
1070 Wien
Österreich
Tel. +43-(0)1-9 44 12 73
www.share-arch.com

TACO Taller de Arquitectura
Paseo de Montejo 481
int. 202-204 x 39 y 41, Centro
Mérida, Yucatán
México
Tel. +52-999-9 28 06 88
www.arquitecturacontextual.com

Atelier Tekuto Co., Ltd.
4-1-20-B1F Jingumae Shibuya-ku
Tokyo 150-0013
Japan
Tel. +81-(0)3-64 39-55 40
www.tekuto.com

Daniel Wickersheim
Architekt und Energieberater
Heinrichstraße 18 a
22769 Hamburg
Tel. 040-43 21 59 06
www.wickersheim.biz
www.hausboot-schwan.de

Zappe Architekten
Torstraße 154
10115 Berlin
Tel. 030-24 72 10 75
www.zappearchitekten.de

Literaturverzeichnis

Thomas Drexel, *222 Wohlfühlräume, Ein Ideenbuch zum Einrichten und Gestalten*, München 2013
—, Aktuelle *Top 100 Häuser, Individuell und attraktiv*, München 2015
—, *50 Häuser zum Wohlfühlen, Angenehm wohnen in Neu- und Umbauten,* München 2013
—, *Low Budget, Moderne Einfamilienhäuser unter 250 000 Euro,* München 2015
—, *Lowest Budget, Neue Häuser unter 185 000 Euro,* München 2013

Bildnachweis

Fotografien

Juan Baraja: Seite 7 oben links und rechts, 10 oben, 11 oben links
Christian Brandstätter: Seite 56–65
Thomas Drexel: Umschlag Vorderseite, Umschlag Rückseite unten rechts/oben, Seite 10 unten links und rechts, 12–19, 42–47, 48–55, 78–87, 92–97, 142–147
Carsten Gosch: Seite 51 alle
Leo Espinosa/Carlos Patrón: Seite 11 oben rechts
Martin Flatz: Seite 66–71
Katsuhisa Kida/FOTOTECA: Seite 114–119
Steve King: Seite 26–31, 32–41
Kurt Kuball: Umschlag Rückseite oben, Seite 124–129
Veronica Nehasilova/Petra Hajská: Seite 20–25
Niji photo/Masafumi Harada, Maiko Taniguchi: Seite 120–123
Gustavo Sosa Pinilla: Seite 98–105, 106–113
Andreas Riedel: Umschlagklappe vorn, Seite 152–157
Corinna Rosteck: Seite 148, 149
Toshihiro Sobajima: Umschlag Rückseite ganz unten rechts, 130–135, 137, 139 oben links und rechts, 140 unten, 141 oben
Jérémy Souteyrat: Seite 139 oben und unten, 141 unten
Bruno Tarenzi: Seite 72–77
Atelier Tekuto: Umschlag Rückseite unten Mitte, Seite 136
Paul Warchol: Umschlag Rückseite unten links, Seite 86–91
Jeremy Weihrauch: Seite 9

Ein Wort zu den Kosten

Kriterium für die Auswahl der Projekte war die architektonische Qualität, nicht ein günstiger Preis. Trotzdem werden mehrere, auch von den Kosten je Quadratmeter her günstige Häuser vorgestellt, die zeigen, wie man mit ungewöhnlichen Ideen, hoher Disziplin und Selbstbescheidung Kosten sparen kann, ohne auf Architekturqualität zu verzichten. Kostenangaben verstehen sich als Gesamtkosten brutto, inklusive aller Kostengruppen, exklusive Grundstück sowie Außenanlagen, ohne Anrechnung von Eigenleistung (soweit erbracht). Sie beziehen sich natürlich auf das jeweils angegebene Jahr der Fertigstellung und den beschriebenen Einzelfall. Wo keine Baukosten angegeben sind, ist dies von den Bauherren zur Wahrung ihrer Privatsphäre so gewünscht. Es sagt also nichts darüber aus, wie hoch die Kosten waren. Für weitergehende fachliche Informationen ist eine direkte Kontaktaufnahme mit dem jeweiligen Architekten zu empfehlen.

Der Autor steht für Leseranfragen
gerne zur Verfügung:

Thomas Drexel
Autor und Architekturfotograf
Am Fladerlach 7
86316 Friedberg
Tel./Fax 0821 / 6070874
thomas-drexel@gmx.de

Dank

Der herzliche Dank des Autors gilt allen Eigentümern, Architekten und Planern der vorgestellten Häuser, deren Mitarbeitsbereitschaft und teils auch ganz praktische Gastfreundschaft das Gelingen des Buches erst möglich gemacht haben. Für das umsichtige Projektmanagement und Lektorat war Sabine Schmid verantwortlich, Monika Pitterle für das außergewöhnlich gute Layout. Der ehemalige Programmleiter Roland Thomas brachte das Projekt zusammen mit dem Autor auf den Weg.

Impressum

Der Verlag weist ausdrücklich darauf hin, dass im Text enthaltene externe Links vom Verlag nur bis zum Zeitpunkt der Buchveröffentlichung eingesehen werden konnten. Auf spätere Veränderungen hat der Verlag keinerlei Einfluss. Eine Haftung des Verlags ist daher ausgeschlossen.

Verlagsgruppe Random House FSC® N001967
1. Auflage
Copyright © 2016 Deutsche Verlags-Anstalt, München
in der Verlagsgruppe Random House GmbH,
Neumarkter Straße 28, 81673 München
Satz und Layout: Monika Pitterle/DVA
Lithografie: Reproline mediateam GmbH, München-Unterföhring
Druck und Bindung: Firmengruppe APPL, aprinta druck, Wemding
Papier: Profimatt

Printed in Germany
ISBN 978-3-421-03965-1
www.dva.de